MW01228763

ANABELLA MÉNDEZ

NO TE

——◆◆◆——

RINDAS

BARKERBOOKS

BARKERBOOKS

NO TE RINDAS

Derechos Reservados. © 2023, **Anabella Méndez.**

Edición: Alexis González | BARKER BOOKS®
Diseño de Portada: Itzel Teresa Veloz Cano | BARKER BOOKS®
Diseño de Interiores: Itzel Teresa Veloz Cano | BARKER BOOKS®

Primera edición. Publicado por BARKER BOOKS®

I.S.B.N. Paperback | 979-8-89204-027-3
I.S.B.N. Hardcover | 979-8-89204-028-0
I.S.B.N. eBook | 979-8-89204-026-6

Derechos de Autor - Número de control Library of Congress: 1-12965777561

Barker Publishing, LLC
500 Broadway 218, Santa Monica, CA 90401
https://barkerbooks.com
publishing@barkerbooks.com

ÍNDICE

INTRODUCCIÓN

Este libro te ayudará a mirar más allá de lo que puedes imaginar. Podrás ver que mientras caminamos por este mundo, pasamos por muchas pruebas y situaciones difíciles. Podrás ver los obstáculos que enfrentamos a diario y muchas veces sentimos que ya no podemos más, que nuestras fuerzas han agotado, nos sentimos fracasados y solos. Sentimos que ya no podemos, que todo lo que hemos hecho ha sido en vano.

Muchas veces hemos notado que nuestros seres queridos no nos entienden e incluso nuestras mejores amigas se han alejado de nosotras. A veces creemos que solo nosotras sufrimos tanto y pensamos que tal vez no vale la pena seguir adelante, seguir luchando por nuestros sueños.

Observamos cómo otras personas salen adelante, superan las tormentas de la vida y alcanzan sus sueños, pero creemos que para nosotras es imposible lograrlo. Sin embargo, este libro trae una respuesta a toda esa tristeza que hay en tu corazón. Hay esperanza para ti. Este libro habla de no rendirse nunca, aunque la marea sea fuerte y las pruebas te golpeen con fuerza, aunque hayas fracasado muchas veces y nada te haya salido bien: **No te rindas.**

Lo más importante es conocerte a ti misma y saber quién eres en Cristo Jesús. Al final de la lectura de este libro, te darás cuenta de que sí puedes, de que todas las personas que te hablaron negativamente estaban equivocadas y que todos los fracasos que has tenido solo han servido para hacerte más fuerte y más sabia, preparándote para cumplir tus sueños. Acompáñame en este recorrido, juntas vamos a llorar y reír, y juntas descubriremos lo que Dios tiene para ti.

Un corazón rendido a Dios

El principal deseo de Dios es que lo adoremos y lo amemos con todo nuestro corazón. "Amarás al Señor tu Dios con todo tu corazón, con toda tu alma y con toda tu mente. Este es el primero y grande mandamiento. Y el segundo es semejante: Amarás a tu prójimo como a ti mismo" (Mateo 22:36-40).

El Señor nos demanda que lo amemos y lo busquemos voluntariamente, no por lo que nos puede dar, sino por su gran misericordia hacia nosotros. Dios nos amó tanto que dio su vida por nosotros en la cruz del Calvario. "Porque de tal manera amó Dios al mundo que ha dado a su Unigénito Hijo, para que todo aquel que en él cree no se pierda, sino que tenga vida eterna" (Juan 3:16).

Nadie tiene un amor mayor que el de aquel que da su vida por sus amigos (Juan 15:13). Dios mostró su amor hacia nosotros al morir por nosotros siendo aún pecadores (Romanos 5:8). Cristo murió por todos nosotros, para que aquellos que viven ya no vivan para sí mismos, sino para aquel que murió y resucitó por ellos (2 Corintios 5:14-15).

Cuando entendemos y conocemos el amor de Dios, aprendemos a amar. Nuestro amor propio no es suficiente, nuestro amor depende de Él, porque Dios es amor (1 Juan 4:7). Cuando esto se arraiga en nuestra vida, nunca nos rendimos. Rendirse significa someterse al dominio o voluntad de alguien o algo, dejando de ofrecer resistencia. Imagínate rendirte ante los problemas, sueños o metas porque tu mente te dice que no puedes más, que estás cansada y te rindes. Es por eso que comencé este capítulo resaltando la necesidad de rendirnos a Dios. Los cristianos que alaban a Dios tienen un gozo inefable, un gozo continuo que nunca se acaba y que no les permite rendirse.

Muchas personas tienen sueños y metas, y Dios les ha dado dones y talentos para llevarlos a cabo. El problema es que muchas empiezan y se quedan a mitad del camino, otras están casi a punto de lograrlo y luego retroceden y se rinden, y hay quienes ni siquiera intentan empezar por miedo. El mayor enemigo es el temor, hay tanto temor en las personas que los paraliza y no les permite realizar sus sueños. Trabajo como vendedora de casas desde hace muchos años y he conocido a mucha gente que viene a mí después de alquilar una propiedad durante 25 años, quieren comprar una casa cuando sus hijos ya crecieron y se fueron a la universidad. Me dicen que nunca compraron por temor, pero no tuvieron temor de pagar el alquiler durante 25 años. El temor paraliza y no permite prosperar. Es triste ver a tantas personas morir llevándose sus sueños consigo. Cuántos sueños y talentos están enterrados en el patio de sus casas. No sé cuál es tu llamado, pero lucha por ello, no te quedes solo mirando a los que tienen éxito. Eres una mujer exitosa, Dios te ha llamado, no te rindas. Todo lo bueno cuesta y para obtener una victoria, hay que pasar por muchas pruebas. Muchos quieren bendiciones, pero no quieren enfrentar las batallas. Muchos quieren tener las bendiciones de otros, pero no quieren pagar el precio que esos otros pagaron para llegar donde están. Siempre he dicho que cada persona está donde quiere estar. Algunos nacen en hogares ricos con mucho dinero, pero toman decisiones que los llevan a la pobreza. Otros nacen en hogares muy pobres y luchan para salir adelante y sobresalir. Lo mismo ocurre en la vida cristiana. Muchos nacen en hogares cristianos, donde sus padres les enseñan el temor de Dios y a amarlo, pero cuando son adultos se apartan del camino del Señor. Otros nacen en hogares donde nadie busca a Dios y, al crecer, se acercan a Él de todo corazón. No importa cómo comiences algo, lo importante es cómo termines.

Quiero compartirte una historia de mi vida. Sé que esta historia tocará la vida de muchas mujeres que han pasado por lo mismo o por algo similar. También te servirá como ejemplo para que no te quedes estancada donde estás, sino que sigas adelante.

Yo tenía 6 años y mis padres no tenían el temor de Dios. Mi papá engañaba a mi mamá con muchas mujeres, peleaban y discutían todo el tiempo. Mi mamá tenía un comedor donde vendía desayunos, almuerzos y cenas. Yo no sabía lo que era un abrazo o un beso de mis padres. Era una niña muy triste y vivía con muchos temores. Mis padres nunca me enseñaron acerca del amor de Dios.

Tenía sueños todas las noches y siempre soñaba lo mismo: un hombre horrible me atacaba y me decía que vendría por mí esa noche. Luchaba contra él en mi sueño y cuando estaba a punto de doblar mis brazos, me despertaba gritando y pedía que encendieran la luz. Esto sucedía todas las noches y, durante el día, a veces se aparecía frente a otras personas, pero solo yo podía verlo. A pesar de todo eso, mis padres pensaron que yo estaba enferma. Un día, mi hermano mayor vino a recogerme de la escuela y cuando lo vi, vi al hombre de mis sueños frente a él y comencé a gritar, diciendo que él no era mi hermano. En la escuela, obligaron a mi hermano a mostrar su identificación y él se fue muy enfadado conmigo. Mi mamá comenzó a darme pastillas para dormir y mantenerme drogada.

A los 7 años, mi papá decidió que no asistiera más a la escuela debido a esa condición. Pero, sin conocer a Dios, no acepté esa condición y le pedí un favor a un primo para que me prestara dinero y poder seguir asistiendo a la escuela. Con un corazón bondadoso, mi primo me lo dio y muy contenta fui sola a inscribirme en la escuela. La directora, al verme llegar sola sin mis padres, tuvo compasión de mí y me regaló cuadernos y lápices que necesitaría. Comencé a ir a la escuela con mucha emoción a pesar de los temores y el pánico que experimentaba.

Las maestras de la escuela me tomaron un amor especial porque era muy dedicada con mis tareas y tenía muchos deseos de aprender. A pesar de ese problema, siempre salía adelante. A los 9 años, mientras estaba sentada en la puerta de mi casa llorando, se acercó un señor con una Biblia bajo el brazo. Era el pastor de una iglesia llamada El Calvario, que vivía a unas 5 casas de la mía. Me preguntó por qué lloraba, y comencé a contarle todo lo que me estaba pasando. Él me dijo que había alguien que me amaba mucho y quería ser mi amigo. Me explicó que su nombre era Jesús, que había muerto por mí en la cruz y que al tercer día había resucitado, y que ahora estaba vivo y siempre podía estar a mi lado. Emocionada, dije: "Hoy mismo quiero conocerle. ¿Cómo puedo hacerlo?" Él me respondió: "Solo tienes que decirle con tus propias palabras que lo necesitas y él te escuchará". Pregunté si podía hacerlo en ese momento, y él me dijo que cerrara mis ojos y dijera: "Señor, entra en mi corazón. Sé que diste tu vida por mí y te reconozco como mi Señor y Salvador. Inscribe mi nombre en el libro de la vida". Él oró por mí y me dijo que fuera a la escuela dominical todos los domingos, donde la maestra me ayudaría a aprender a orar. También me enseñó cómo orar cuando tuviera esos sueños. Desde ese día, mi vida cambió por completo. Sentí que una carga salía de mi espalda. Juan 8:36 dice: "Si el Hijo os liberta, seréis verdaderamente libres".

A los 10 años, mi padre murió y tenía la esperanza de que en sus últimos momentos se hubiera convertido al Señor. Él falleció en un accidente automovilístico y yo conocía la palabra y sabía que dice: "Cree en mí, y serás salvo tú y tu casa" (Hechos 16:31). Después de la muerte de mi padre, mi madre y mis hermanos tuvimos que mudarnos de casa y fue un tiempo de mucha pobreza. Pero nunca me di por vencida. Siempre me gustaba orar y escribir mis sueños. Pasé por muchas cosas tristes, pero nunca dejé de orar. Adopté el hábito de orar de madrugada, por la noche y en cualquier lugar en el que estuviera, siempre clamando cercanía con el Señor. Nunca me dejé rendir. Así llegué a la adolescencia, siendo una adolescente luchadora, esforzada y muy bondadosa. Siempre me gustaba ayudar a los demás, incluso si no tenía mucho, siempre buscaba una forma. Me esforzaba mucho.

Dios me permitió llegar a Estados Unidos y allí hice todo tipo de trabajos, trabajos muy duros y pesados. Pero nunca me rendí. Ahora, esa niña es una empresaria con mucho éxito. Esa niña que nunca se dio por vencida. Sé que Dios está tocando tu vida a través de mi historia, una historia real. Aquí estoy, de pie todavía. El tiempo que pases de rodillas orando es el tiempo que permanecerás de pie ante las pruebas que lleguen a tu vida.

Los sueños que tuve de niña nunca se hicieron realidad cuando me convertí al Señor, porque él me compró con el precio de su sangre. Desde entonces, entendí que "el que habita al abrigo del Altísimo morará bajo la sombra del Omnipotente" (Salmo 91:1).

Las pastillas de droga que me daba mi madre cuando era niña nunca más las volví a tomar. Imagínate ahora, ¿qué hubiera sido de mí si el Señor no me hubiera salvado? ¿Dónde estaría hoy? Pero gracias a Su misericordia, desde ese entonces tuve una relación con el Señor, me convertí en una adoradora de Él. Los años han pasado y esa relación sigue siendo más profunda. Mi tiempo con Él es el mejor tiempo de mi vida, se ha convertido en un hábito en mi vida. No puedo vivir sin ello, estar en Su presencia es lo más maravilloso que existe.

Muchas veces, nuestros niños tienen problemas y no sabemos qué hacer con ellos. Los llevamos al médico y los médicos lo único que hacen es darles drogas para mantenerlos drogados, pero nunca llegamos a la raíz del problema, como fue en mi caso de niña. Hay muchas mujeres con problemas de depresión y ansiedad, y eso se vuelve crónico porque no hemos encontrado la raíz del problema. Al final, esas mujeres terminan tomando tanto medicamento que muchas veces mueren por sobredosis de drogas, y otras terminan enloqueciendo y las envían a lugares donde están las personas enfermas de la mente. La solución es buscar a Jesús primero. Lo que el ser humano necesita en su vida es a Jesús y nada más. Encontrar la raíz de donde viene todo esto, quienes han sido tus padres, tus abuelos y qué te ha afectado desde que eras niña. Después de encontrar cuál es la raíz, tienes que venir a los pies de Cristo y rendir tu vida totalmente a Él. Espero en el nombre de Jesucristo que, al leer este libro, puedas ser totalmente libre. Algo que siempre admiré de mi madre fue que ella nunca se daba por vencida, siempre luchaba por seguir adelante. Ella tenía su restaurante y tortillería y trabajaba duro. Fue una mujer muy fuerte, valiente y esforzada. Aunque estuviera enferma, siempre trabajaba duro. Ella también sufrió mucho con mi padre. A ella le tocó trabajar duro para ayudar a todos sus hijos. Yo quiero mucho a mi madre, para mí, ella es muy especial.

Amo al Señor con todo mi corazón, no por lo que Él me pueda dar, lo amo por lo que Él es y por Su gran misericordia. Si Él no me hubiera salvado, no sé dónde estaría, no sé qué hubiera sido de mi vida y ni siquiera quiero pensarlo. Mi secreto para vivir una vida feliz, llena de paz, es buscar la presencia del Señor. Estar ahí libera tu mente. Cuando estés estresada y ansiosa, cuando sientas que ya no puedes, cuando sientas que no puedes dormir, que tienes insomnio, busca al Señor. El secreto está ahí. Si quieres saber cuánto tiempo permanecerás de pie en la hora de tu prueba, solo piensa cuánto tiempo pasas de rodillas. Así será el tiempo que permanecerás de pie.

Muchas personas me preguntan qué hago o cómo lo hago para siempre estar de pie y muy contenta. Mi respuesta es que no es que yo no pase por luchas o pruebas, sino la forma en que yo las enfrento. No hablo de mis problemas con nadie, les hablo a esos problemas y les digo del Dios grande y poderoso en el que yo confío y que nunca ha perdido una batalla. Porque si el Señor es por mí, ¿quién contra mí? (Romanos 8:31).

Cuando estés tentado a tener pensamientos negativos o estés muy ansioso, clama, adora a Dios. Él te escuchará. Isaías 43:2 dice: "Cuando pases por las aguas, yo estaré contigo; y si por los ríos, no te anegarán; cuando pases por el fuego, no te quemarás ni la llama arderá en ti".

Cuando aprendemos a confiar plenamente en el Señor, entonces ahí podemos descansar. Mira Éxodo 4:31: "Y el pueblo creyó, y al escuchar que el Señor había visitado a los hijos de Israel y que había visto su aflicción, se inclinaron y adoraron". La importancia de adorar al Señor es que cuando tú adoras, los demonios tiemblan porque la alabanza rompe las cadenas y te hace libre.

Cuando reconocemos quiénes éramos y de dónde nos sacó el Señor, y que nos ha hecho Sus hijos, porque no merecíamos la salvación, es solamente por Su gracia. "Mas a todos los que le recibieron, les dio el derecho de llegar a ser hijos de Dios" (Juan 1:12). ¿No es eso grandísimo? Cuando pienso en todo lo que el Señor ha hecho por mí, cuando pienso en el día que me salvó, realmente me siento la mujer más feliz y favorecida. Que Él se fije en mí. Imagínate esto: si fueras una persona muy pobre, tan pobre que no tienes ni para comer, y de repente un hombre rico que ni conoces te manda a llamar porque quiere conocerte y te invita a su casa. ¿Cómo te sentirías tú? Piénsalo por un momento. Pienso que eso a cualquiera le gustaría que le pasara. Ahora mira, el dueño del cielo y la tierra, el dueño del oro y la plata, el dador de la vida, te ha mandado a llamar, se fijó en ti y te ha hecho Su hija.

¡Qué cosa más maravillosa! Entonces, ¿por qué te quedas parada contando tu condición, llorando por tus fracasos y por temor ya no sigues tu camino hacia adelante? No sé por lo que estés pasando, pero levántate. No importa si con lágrimas vas por el camino. Lo importante es que sigas. Él te está esperando para continuar tu camino. Él enjugará tus lágrimas. "Enjugará Dios toda lágrima de los ojos de ellos; y ya no habrá muerte, ni habrá más llanto, ni clamor, ni dolor; porque las primeras cosas pasaron" (Apocalipsis 21:4). Imagínate, esta promesa es para los que no se rinden. No quiere decir que no te vas a cansar o fatigar, sino que, a pesar de eso, tú te levantas y sigues tu camino. Los muchachos se fatigan y se cansan, los jóvenes flaquean y caen; pero los que esperan en Jehová tendrán nuevas fuerzas. Levantarán alas como las águilas; correrán y no se cansarán, caminarán y no se fatigarán (Isaías 40:30-31). Esto quiere decir que Él no nos ha prometido una vida sin problemas y sin luchas. Él nos ha dicho que, a pesar de ellas, Él nos fortalecerá y siempre estará ahí con nosotros todo el tiempo. Si estabas a punto de tirar la toalla, yo te digo que no te rindas, no te desanimes. A tu lado está Él, contigo.

Solo recuerda que el Rey del universo se ha fijado en ti y te ha dado la oportunidad de entrar en Su presencia tal y como eres. Él no mira nuestros defectos, Él mira nuestro corazón. Mira lo que dice 1 Samuel 16:7: "Pero el Señor dijo a Samuel: No mires a su apariencia, ni a lo alto de su estatura, porque lo he desechado; pues Dios ve no como el hombre ve, pues el hombre mira la apariencia exterior, pero el Señor mira el corazón".

Así que no importa lo que hayas hecho. Cuando te humillas ante Él y confiesas tu pecado, Él te perdona y te restaura.

Proverbios 28:13 dice: "El que encubre sus pecados no prosperará; mas el que los confiesa y se aparta alcanzará misericordia".

No sé por lo que estés pasando en este momento, no sé cuál es tu problema en este instante, pero lo que sí sé es que este libro el Señor me puso a escribirlo para ti. Él conoce tu corazón mejor que nadie, sabe por lo que estás pasando, se compadece de ti. Puede que tengas muchos sueños en tu vida, puede que siempre hayas querido lograr algo que siempre soñaste hacer y no lo has logrado, pero no te rindas, sigue adelante, no mires atrás como la mujer de Lot que, por mirar atrás, se convirtió en estatua de sal. Jesús les hablaba a sus discípulos y les decía: 'En aquel día que estén en la azotea, y sus bienes en casa, no desciendan a tomarlos, y el que esté en el campo, no vuelva atrás'. Lucas 17:30-32.

Recuerda que en nuestras debilidades el Señor se glorifica. Romanos 12:9. Y él me ha dicho: 'Te basta mi gracia, pues mi poder se perfecciona en la debilidad'. Por tanto, muy gustosamente me gloriaré más bien en mis debilidades, para que el poder de Cristo more en mí.

Sigue adelante, no te rindas. ¡Vamos, ánimo! Sigue, ya estás a punto de llegar, solo camina una milla más. Aunque en estos momentos te sientas como un perdedor, no sientas miedo. Avanza, continúa. Si es una carrera que has dejado a medias por cualquier motivo que haya sido, continúa, esfuérzate, y pronto llegará el día en que te graduarás y verás el fruto de tu esfuerzo. Tendrás mucho gozo y felicidad de no haberte rendido y de haber puesto tu confianza en el Señor.

Muchas personas se rinden muy fácilmente, muchas veces por temor. Hay muchas clases de temores, como el temor a lo desconocido y nuevo por conocer, el temor a fallar y por eso no luchan por sus sueños, y a mitad del camino retroceden y se regresan sin llevarlos a cabo. Es muy fácil para aquellos que tienen temor regresar del camino que continúan.

No importa cuántas veces tengas que intentar hacer algo para lograr nuestras metas. He conocido muchas personas inestables que nunca terminan un proyecto que comienzan. También he conocido muchas personas que nunca salen adelante en nada porque siempre tienen temor a fracasar o que les salga todo mal si intentan algo nuevo. Me encanta ver personas que han logrado grandes éxitos a través de grandes fracasos. El inventor de la luz, Thomas Alva Edison, fracasó 10,000 veces antes de inventar la luz. Imagínate que él se hubiera dado por vencido. No tendríamos luz, no disfrutaríamos de este gran regalo gracias a un hombre que, después de 10,000 fracasos, hizo que sus sueños se realizaran. Y así como él, hay muchas de ustedes que están leyendo este libro. Han fracasado muchas veces, pero no se han rendido, y sé que Dios me puso a escribir para ti para que sigas y cumplas tus sueños. Pero recuerda, tienes que luchar, y la lucha no es fácil, pero trae recompensas. Todo lo bueno cuesta, lo fácil no sirve, pero lo que cuesta, lo valoras. Tú tienes al Señor a tu lado, no importa cuál sea tu situación. No permitas que el miedo te impida seguir adelante.

Me encanta ver la vida de la mujer de Proverbios 31, una mujer llena de sabiduría, valiente, madre, esposa, llena de amor de Dios, una mujer empresaria. No importa las luchas que pase, se levanta de madrugada a orar, cuando todos duermen ella ora, cuida a sus hijos y a su esposo, es una mujer muy trabajadora. Ciñe de fuerzas sus lomos y esfuerza sus brazos (Proverbios 31:17). Es una mujer bondadosa, no solo vela por las necesidades de su familia, sino por las de los demás. Alarga su mano al pobre (Proverbios 31:20).

Cuando nosotras aprendemos a ser misericordiosas, no solo pensando en nuestras necesidades, sino en las de los demás también, entonces nos volvemos muy bendecidas. Yo personalmente he visto a lo largo de mi vida cómo es la vida cuando uno ama ayudar a los demás. He visto milagros en mi vida, en mi familia. He visto la mano de Dios obrar en mi vida. Desde niña me gustó compartir lo que yo tenía con los demás, es algo que va dentro de mí. Si yo te contara de todos los milagros que he recibido, estoy segura de que nunca terminaría de escribir este libro porque son muchísimos. Pero nunca ha faltado pan sobre mi mesa. Otro milagro es mi familia, tengo una familia muy hermosa. Otro es que Dios me permitió llegar a Estados Unidos y me ayudó a sobresalir y progresar en el sueño americano. Después de no tener nada y vivir en escasez, Él me ha dado mucho, me ha puesto en alto, he progresado gracias a Él. Todo lo que tengo se lo debo a Él.

Cuando nosotras bendecimos a los demás, nunca nos falta nada. Si tú has sembrado tu semilla ayudando a otros de cualquier forma que hayas ayudado, este es tu tiempo de cosechar. Solo tienes que trabajar duro, esforzarte sin desmayar. Cuando el agricultor siembra la preciosa semilla, espera pacientemente que llueva y su semilla crezca. Y cuando ya está listo, con mucha alegría trabaja duro para recolectar todo el fruto de su siembra. Esto también es para nuestras vidas, con paciencia sembramos y pacientes esperamos nuestras cosechas, pero tenemos que esforzarnos y trabajar, no con los brazos cruzados esperando que todo nos llegue a las manos. No funciona así. En todo os he mostrado que así, trabajando, debéis ayudar a los débiles y recordar las palabras del Señor Jesús que dijo: 'Más bienaventurado es dar que recibir'. Hechos 20:35.

Tengo muchos años vendiendo casas, ayudando a las personas a conseguir su sueño americano, que es su casa. He visto personas llorar en la hora del cierre de su casa, personas que, a pesar de sus luchas y de las cosas difíciles que pasaron, lograron tener su casa. Muchas de ellas son personas que han emigrado a Estados Unidos. Emigrar a los Estados Unidos no es nada fácil. Ellos han luchado, han trabajado duro, y después de años de luchas, han conseguido su residencia legal en Estados Unidos, y luego yo los he podido ayudar a comprar sus propiedades. Son personas que no se han dado por vencidas a pesar de tantas luchas, y ahora tienen una vida estable.

Yo pienso que una de las claves para no rendirse es saber quién eres en Cristo, entender cuánto nos ama. Tan grande es el amor de Dios que dio su vida por nosotros en la Cruz del Calvario. Imagínate cuánto más te dará lo que necesitas. El problema más grande es que, ante nuestros problemas, corremos a nuestros amigos, vecinos o familia, pero nunca acudimos primero al Señor Jesús. Nadie puede darnos lo que necesitamos ni solucionar nuestros problemas. El único camino es Él; fuera de Él no tenemos nada.

Cuando miramos a nuestro alrededor, vemos personas que a lo largo de su vida dejaron huellas en las vidas de otros. No quiere decir que esas personas no pasaran por luchas como tú y yo, porque sí las pasaron, pero se levantaban, se sacudían el polvo y continuaban su camino. Podemos ver la vida de Dorcas en la Biblia, una mujer a quien toda la gente amaba. La Biblia dice que era discípula del Señor, en otras palabras, una mujer cristiana llena del amor de Dios. Era conocida por todas las personas por sus buenas obras, es decir, una persona que no solo pensaba en ella misma, sino también en las necesidades de las personas que conocía. La Biblia dice que hacía ropa con sus manos y pan para alimentar a los pobres (Hechos 9:36-42). ¿Estás dejando tus huellas en tu caminar? ¿Las personas están mirando a Dios a través de ti con tus acciones y buenas obras? Si es así, déjame decirte que estás en buen camino. Verás el fruto de tus siembras, tu cosecha será tan abundante que no podrás recogerla solo. Las personas que saben bendecir nunca les falta nada; son bendecidas hasta mil generaciones. Yo he visto mucho la mano de Dios. Nunca ha faltado pan sobre mi mesa, y mis hijas también han sido bendecidas. Tengo muchas historias que contarte, y en todas ellas el Señor me ha levantado y ayudado. No sé si te ha pasado a ti, pero a mí sí. En los momentos más duros de mi vida, cuando he sentido que ya no puedo más, allí llega el Señor y me levanta.

Hace años atrás me puse muy enferma y mi doctor me envió a hacer todos los exámenes. Al darme los resultados, me dijo que tenía una enfermedad muy rara y que esa enfermedad mataba a la gente lentamente. Le dije a mi esposo que nunca se lo dijéramos a nuestras hijas para que no se asustaran, y él estuvo de acuerdo. No se lo dijimos a nadie, aunque algunas personas conocidas y amigas sabían que no me sentía bien de salud, pero no sabían lo grave que era la enfermedad. Yo sabía que cada día que pasaba me acercaba al final. Mi vida se llenó de mucho temor, tanto así que no quería dormirme porque sentía que no despertaría. Mientras pasaba por esa enfermedad rara, el Señor me habló y me dijo que escribiera un libro. Al principio, pensé que no podía ser la voz de Dios, porque yo no soy escritora. Siempre me ha gustado leer mucho y compro muchos libros, pero no soy una escritora. Sin embargo, la voz seguía diciéndome que escribiera. Comencé a escribir con muchas lágrimas, porque solo Dios sabía por lo que yo estaba pasando. Decidí obedecer al Señor a pesar de cómo me sentía. Orando, le pregunté qué quería que escribiera, y Él me dijo que escribiera acerca de mi vida. Yo decía: 'Ay, no, a mí no me gusta que nadie sepa de mi vida'. Pero Él me hizo sentir que mi vida no me pertenecía a mí, sino a Él, y comencé a escribir. Mientras oraba por el título, una madrugada, él me dijo: 'No te rindas'. Por eso, este libro está hecho con muchas lágrimas, porque lo escribí en un momento muy duro de mi vida cuando sentía que no tenía esperanza. Pasé dos años en este proceso de enfermedad, y yo seguía escribiendo, pero siempre con ese temor en mi mente: '¿Para qué voy a escribir este libro? ¿Quién se interesará en él? ¿Quién lo leerá?'. Yo decía: 'Nadie lo hará'. Pasaron los años y, en una mañana mientras oraba, el Señor me habló y me dijo que me sanaría, que me recuperaría poco a poco. Le creí y seguí luchando y creyendo que Él era fiel. Y así fue, después de dos años de sufrimiento, me recuperé. ¿Qué hubiera pasado si me hubiera rendido desde el principio?

Hubiera muerto, porque los doctores no te dan esperanza. Pero cuando crees en Dios, tienes esperanza y eso te da fuerzas para seguir adelante. Mira lo que dice Proverbios 18:14: 'El ánimo del hombre soportará su enfermedad'. Nuestro ánimo nos ayuda a seguir luchando a pesar de cómo nos sintamos. Pero dice que el espíritu angustiado, ¿quién lo puede soportar? Por eso, nuestro estado de ánimo es importante. Cuando nos enfocamos en el problema y le damos toda nuestra atención, es muy difícil que podamos ver a Dios obrar en nuestras vidas.

No sé por lo que estés pasando, y si has pasado o estás pasando por algo similar o tal vez algo muy duro en tu vida, y Dios te está hablando a través de este libro que me puso a escribir especialmente para ti. Este libro está escrito con muchas lágrimas, y sé que te ayudará a animarte a seguir adelante sin rendirte. No importa si sientes miedo, hazlo con temor. Comencé este libro hace 11 años y lo dejé a medias, guardado en un cajón, por temor. No fue hasta finales de 2020 que el Señor me motivó a sacar mi cuaderno de escritura, donde lo tenía guardado. Mientras oraba, sentí que tenía que seguir escribiendo. Al terminar de orar, abrí mi computadora para hacer mi trabajo y de repente apareció en la pantalla un anuncio de una mujer que decía: 'Solo obedece'. Me asusté mucho porque quería cerrar la página y quitarla de la pantalla, pero de repente escuché que ella hablaba y decía: 'Estás escondiendo el talento que te ha dado el Señor para escribir tu libro'. En ese mismo momento, supe que ya no podía decirle que no al Señor, y lo hice con mucho temor. Es decir, aun sintiendo el temor, pude hacerlo. El temor no nos puede detener y evitar que hagamos las cosas que necesitamos hacer.

Muchas veces enseñamos a nuestros hijos desde pequeños que no todo lo que piden se puede obtener. No estoy diciendo que debemos darles todo lo que piden. Lo que quiero decir es que debemos explicarles que hay ciertas cosas que no se les pueden dar por su propio bien, pero nunca decirles que no hay dinero. A mis hijas les enseñé desde niñas que en casa nunca faltaba comida y ropa porque la misericordia de Dios era muy grande con nosotros. Les enseñé que yo había ayudado a mucha gente y que, a través de ser misericordiosos, las bendiciones de Dios llegaban abundantemente. Les dije que por eso ellas no les faltaba nada, y así crecieron conociendo las bondades de Dios. Nunca han escuchado que les diga que no puedo hacer algo, porque aunque muchas veces lo he sentido, voy de rodillas a mi escondite secreto, donde recibo nuevas fuerzas. Siempre les enseñé que cuando somos fieles a Dios en nuestros diezmos y ofrendas, nunca nos faltará nada en todas las áreas de nuestra vida. Ellas siempre han visto eso en casa, no solo lo han escuchado de mí, sino que también lo han visto: en casa nunca ha faltado nada. Y cuando había un necesitado, siempre vieron que yo estaba allí para ayudar. Estas son las promesas, como dice Malaquías 3:10: 'Traed todos los diezmos al alfolí y haya alimento en mi casa, y probadme ahora en esto, dice Jehová de los ejércitos, si no os abriré las ventanas de los cielos y derramaré sobre vosotros bendición hasta que sobreabunde'."

"No sé cuál sea tu necesidad, pero lo que sé es que estás a punto de ser recompensada. Tu bendición está por venir.

El enemigo quiere ver a la gente agotada y cansada, pero la clave está en cómo engañar al enemigo. Una de las formas es no quejarte cuando estás en medio de las pruebas. No quejarse hace que el enemigo se equivoque, y en lugar de la queja, salgan alabanzas para el Señor. Con eso haces que el enemigo salga huyendo.

Dios te trajo con un propósito, para hacer Su obra, para que atiendas a Su llamado. Él te ha dado muchos dones y talentos. Tú tienes virtudes que nadie más tiene porque Dios te hizo única. Tú puedes servirle a Dios con tus talentos y dones que Él te ha dado, y también puedes cumplir tus sueños de empresaria. Mira esta historia en Hechos 16:14. Entonces, una mujer llamada Lidia, vendedora de púrpura de la ciudad de Tiatira, que adoraba a Dios... detente aquí y medita en esto. Dice que esta mujer adoraba a Dios. Mira qué cosa más linda, adoraba. En otras palabras, amaba, buscaba a Dios con todo su corazón. Dice que sabía escuchar la voz de Dios. Y tú te preguntarás, ¿cómo se puede escuchar la voz de Dios? Hay muchas formas de poder hacerlo, pero una de las que a mí me ha ayudado es cuando voy a mi lugar secreto y me postró delante de Su presencia y lo adoro sin pedirle nada. Y luego, cuando siento Su presencia, me quedo en silencio escuchando Su voz como un susurro apacible. Y es ahí que recibo Sus instrucciones, y otras veces, leyendo Su palabra. Dice la Biblia que esta mujer llamada Lidia era vendedora de púrpura, en otras palabras, era negociante, empresaria, trabajadora, que le servía a Dios. Hacía las dos cosas, servía a Dios y era empresaria. Era una mujer firme en sus decisiones, aunque pasara por luchas. Puede que fuera soltera o viuda, pero no se quejaba de su situación, al contrario, ella buscaba a Dios con todo su corazón y también hacía su parte de trabajar con sus manos para llevar el sustento a su casa. Era una mujer que no se rendía, y todo eso se lo transmitió a su familia. Toda su familia siguió su ejemplo. Qué bonito es que nosotras, las mujeres, que Dios nos ha llenado de tantos talentos y bendiciones, podamos dejar huellas en nuestro caminar, con nuestros seres queridos y amigos.

¿Estás tú caminando en los caminos de Dios? Si lo estás haciendo, te felicito porque vas por el mejor camino. Sin Cristo no podemos, porque solo en Él y por Él todo lo podemos (Filipenses 4:13). Todo lo podemos por medio de aquel que todo lo dio por nosotros, el cual no escatimó su propia vida, sino que aunque no lo merezcamos, Él murió por nosotros para que nosotros, por medio de su muerte, fuéramos libres del pecado. Pero si tú no estás caminando en los caminos de Dios, yo te invito a venir a Sus pies. Es la mejor decisión que hayas tomado en tu vida. Fuera de Él, nada puedes hacer. "Permaneced en mí, y yo en vosotros. Como el pámpano no puede llevar fruto por sí mismo, si no permanece en la vid, así tampoco vosotros, si no permanecéis en mí. Yo soy la vid, vosotros los pámpanos; el que permanece en mí, y yo en él, este lleva mucho fruto; porque separados de mí nada podéis hacer" (Juan 15:4-5).

Yo vivía antes de conocer al Señor con un hambre de Dios, yo quería llenar mi alma sedienta con algo, pero nada lo llenó hasta que conocí al Señor Jesús a los 9 años. Y te puedo decir que llenó mi vida entera con su amor. Nada en este mundo puede llenar ese vacío que hay en ti, solo Él con su amor verdadero, porque nadie en este mundo, y te lo digo de corazón, te ama más que Él. El amor de Dios es único. Si quieres ser una mujer de éxito, una mujer valiente, una mujer que no se rinde, entonces tienes que venir a Cristo, acercarte a Él. Solo cerca de Él podemos ser más que vencedoras, mujeres que no se rinden ante la adversidad, que no importan las circunstancias, vivimos por fe, no por vista. Seguimos adelante con nuestro propósito, con lo que Dios tiene para nosotras. Yo personalmente he tenido muchas, pero muchas ocasiones en las cuales he querido quedarme parada y rendirme, pero al entrar en mi lugar secreto, en Su presencia, recupero mis fuerzas y sigo mirando a Jesucristo, y he continuado con mi propósito. Y gracias a Dios, Él nunca me ha dejado sola. Dice la Palabra de Dios que siete veces cae el justo y Jehová lo levanta (Proverbios 24:16). He pasado por tantas pruebas, pero gracias a Dios nunca me he rendido. Siempre he buscado al Señor con todo mi corazón, siempre he buscado la presencia del Señor desde que me convertí, y me he dado cuenta de que lo más importante que tenemos es ese privilegio tan grande de poder estar en Su presencia, de permanecer de rodillas, tal vez tú no dobles rodillas, tal vez tú ores de otra forma, pero con un corazón contrito y humillado. Los sacrificios de Dios son el espíritu quebrantado; al corazón contrito y humillado no despreciarás tú, oh Dios (Salmo 51:17). Esa es la llave que abre las bendiciones de Dios. Yo puedo decir en mi experiencia personal que Él nunca me ha dejado sola. Me ha bendecido tanto que a través de esa relación con Él me ha hecho sensible a las necesidades de otros. Amo ayudar a los necesitados, eso me apasiona. Es algo que siento dentro de mí, que no puedo ver una necesidad y pasarla por alto. Cuando amamos al Señor, amamos también a nuestro prójimo, y cuando eso pasa, somos personas diferentes. Nuestras vidas son transformadas, hay gozo y paz en nuestras vidas. Nos volvemos sencillas, humildes. Ya no hay más orgullo en nosotras, porque entendemos que todo lo que tenemos no nos pertenece, le pertenece a Cristo. Yo sé que he dejado un legado a mis hijas de amar a Dios con todo su corazón, que el Señor sea el centro de sus vidas y que sean bondadosas ante las necesidades de otros.

¿Estás tú poniendo al Señor como el centro de tu vida? Pídele mucho al Señor que te dé un corazón entregado a Él, de buscar Su presencia. Pídele un corazón generoso, así como Él es generoso contigo. Que tu corazón se conmueva ante las necesidades de otros. Lucas 10:29 dice así: «Pero él, queriendo justificarse a sí mismo, dijo a Jesús: ¿Y quién es mi prójimo?». Respondiendo Jesús, le dijo: «Un hombre descendió de Jerusalén a Jericó, y cayó en manos de ladrones, los cuales le despojaron, hiriéndole, y se fueron, dejándole medio muerto. Aconteció que descendió un sacerdote por aquel camino, y viéndole, pasó de largo. Asimismo, un levita, llegando cerca de aquel lugar y viéndole, pasó de largo. Pero un samaritano, que iba de camino, vino cerca de él, y viéndole, fue movido a misericordia. Y acercándose, vendó sus heridas, echándoles aceite y vino; y poniéndole en su propia cabalgadura, lo llevó al mesón y cuidó de él. Otro día al partir, sacó dos denarios y los dio al mesonero, y le dijo: «Cuídamelo; y todo lo que gastes de más, yo te lo pagaré cuando regrese». ¿Quién, pues, de estos tres te parece que fue el prójimo del que cayó en manos de los ladrones?». Y él le dijo: «El que usó de misericordia con él». Entonces Jesús le dijo: «Ve y haz tú lo mismo». ¿Estás teniendo tú misericordia de las necesidades que ves a tu alrededor? Muchas veces vemos a nuestros amigos, vecinos y familiares pasar por muchas necesidades y nos hacemos los desentendidos, como que no nos damos cuenta, porque estamos tan preocupados en satisfacernos nosotros mismos que ya no pensamos en los demás.»

Un corazón dispuesto a creer

"Mujeres dispuestas a creer en el poder y propósito de Dios en sus vidas. Cuando Dios creó a Adán en el Huerto del Edén, se dio cuenta de que el hombre necesitaba una ayuda idónea y que no podía estar solo. Hizo que Adán cayera en un profundo sueño y formó a la mujer a partir de su costilla. Aunque Dios creó a Adán primero, comprendió que el hombre necesitaba algo más, y eso era la mujer (Génesis 5:1-3). Luego los colocó en el jardín del Edén para que pudieran tener comunión con Él y disfrutar de una vida abundante, llena de gozo, paz, contentamiento y gratitud.

Dios sabía, antes de formar a Eva, que la serpiente la engañaría para que comiera del fruto prohibido, el único árbol que Dios les prohibió comer. Desde ese momento de desobediencia, el pecado entró y es la causa de toda la inmoralidad que vivimos en este planeta. Te preguntarás: ¿Por qué Dios los hizo si sabía que fallarían? Permíteme decirte que Dios nos dio libre albedrío. Él sabía desde antes de formarnos en el vientre de nuestra madre que le fallaríamos, pero nos formó con un propósito, a su imagen, como se menciona en Génesis 1:27. Qué gran privilegio tener la imagen de Dios.

He escuchado a muchas mujeres decir: "Habría sido mejor ser hombres porque como mujer se sufre: por el período menstrual, por tener 9 meses a un bebé en el vientre, por el día del parto, y por ser maltratadas". Si alguna vez mencionaste estas palabras, quiero decirte que no te menosprecies, al contrario, valórate. Tú vales mucho, desde que Dios te formó en el vientre de tu madre pensó en ti para hacerte una mujer hermosa. Fuiste creada con un propósito: amarlo, buscarlo y creer en sus promesas de que Él puede hacer grandes cosas contigo. Observa el amor tan grande de Dios al dar a su único hijo, Jesucristo, para que muriera y pagara por nuestros pecados, dándonos salvación y vida eterna. Él vino a darte vida y vida en abundancia (Juan 10:10). Con la vida que Él ofrece, podemos ser restauradas y sanadas completamente. El ladrón solo vino para matar y destruir, pero Jesús vino a darnos vida en abundancia. La muerte ya no tiene poder sobre la vida; Jesús es vida y luz. No hay más oscuridad para aquellos que están en Cristo, porque la luz ha vencido a la oscuridad (Juan 1:4). No importa lo que te haya sucedido en la vida, Dios siempre tiene un plan para cada persona. Nos formó en el vientre de nuestra madre con un propósito, y no importa lo que hayamos pasado en nuestra niñez o juventud. Tal vez fuiste abusada sexualmente cuando eras niña o joven, tal vez te pegaban o maltrataban, o te ridiculizaban diciendo que eras fea. Quizás sufriste pobreza extrema en tu infancia, con tu familia sin poder comer, o tu esposo te maltrataba. Sea cual sea tu situación, Dios te formó con un propósito, y el enemigo quiso sacarte de ese propósito, quiso matarte y destruirte porque sabía cuán útil eras en las manos del Señor. Si recuerdas mi historia al comienzo de este libro, mi mamá siempre me decía que yo solo había llegado para molestar, ya que mi padre tenía otra mujer embarazada y ella también se embarazó, pero yo entendía que eso no era así porque sabía que la Palabra de Dios me dice que fui creada con un propósito (Salmo

139:16). Al leer esta gran realidad, te das cuenta de que nuestros padres no fueron el objetivo principal, ellos son un instrumento de Dios. El diablo ha intentado destruir ese propósito. No sé cuántas veces Dios te libró de la muerte cuando eras niña, cuántas veces el diablo intentó matarte. Recuerdo una vez, cuando tenía alrededor de 10 años, que estaba en la cocina con mi mamá, mi hermana y la esposa de mi hermano mayor. Yo estaba limpiando al fondo de la cocina, mi hermana y la esposa de mi hermano estaban sentadas en la entrada, y mi mamá estaba tratando de encender el fuego con leña. De repente, mi mamá echó un poco de gasolina a la leña para encender el fuego, y el tambor explotó, comenzando grandes llamaradas. Recuerdo a mi hermana y a la esposa de mi hermano salir corriendo con fuego en sus vestidos, pero mi madre y yo no pudimos salir porque estábamos al fondo y las llamas avanzaron hacia nosotras. Mientras ellas salían a pedir ayuda a los vecinos, mi mamá intentaba romper una lámina con un cuchillo para poder sacarme a través de un agujero. Mientras la veía, con las manos ensangrentadas, luchando por romper un pedazo de la lámina por el que yo no podía pasar, comprendí que Satanás quería matarme y poner fin al propósito para el cual fui creada. Y mira dónde estoy ahora.

Pídele a Dios que te ayude a encontrar tu propósito, que te dé la fuerza y capacidad para cumplirlo. Cuando conoces el propósito de Dios en tu vida, todo cambia. Establece metas para alcanzar el propósito de Dios.

Mientras lees este libro, llénate de valor y cree en Dios. Cree que el propósito de Dios se cumplirá en tu vida.

El diablo ha intentado destruir a las mujeres desde el vientre. Más de dos millones de niñas mueren por abortos provocados antes de nacer. Dios le dijo a la serpiente en Génesis 3:14-15: "Por cuanto has hecho esto, maldita serás entre todas las bestias y entre todos los animales del campo. Sobre tu vientre andarás, y polvo comerás todos los días de tu vida. Pondré enemistad entre ti y la mujer, entre tu descendencia y la de ella. Esta te herirá en la cabeza, y tú le herirás en el calcañar". Lucha por alcanzar tus metas. No se trata de tener las mejores casas, ganar más dinero, tener más prestigio o ser la persona más rica del mundo, ni de tener las mejores empresas, los mejores autos, las mejores joyas o ser la persona más popular del mundo. Se trata de dar lo mejor de uno mismo, de mirar atrás y ver que diste todo, que hiciste lo mejor que pudiste, que nunca te rendiste ante las luchas y pruebas, sino que aprendiste a ser una mejor persona y a hacer mejor las cosas, haciéndolo todo con amor y sin quejas. Eso es parte del éxito: hacer las cosas lo mejor que puedas como si las hicieras para Dios. Aunque muchas veces quisiéramos que la vida fuera un camino divertido todo el tiempo, muchas veces no lo es."

Lo primero que tienes que pensar cuando te esfuerzas en no rendirte es que el primer beneficiado eres tú, y después tu familia. Si no trabajas duro para esforzarte, nunca podrás salir adelante con tus metas y sueños. Lo primero que debes hacer es dejar de poner excusas.

Quien quiere hacer algo en la vida encuentra formas de hacerlo y lograrlo, mientras que quien no quiere hacer nada encuentra excusas para desanimarse y abandonar el camino. El primer paso para cumplir tus metas es tomar una decisión, establecer un objetivo y luchar duro por conseguirlo. Las metas no se alcanzan cruzando los brazos y durmiendo, sino luchando, esforzándote y siendo valiente.

Aunque no consigas lo que buscas o lo que deseas, si eres valiente y lo intentas, te esfuerzas y luchas por lograrlo, y no te rindes, no podrás decir "¿y si lo hubiera intentado?", "¿y si hubiera trabajado más?". No hay nada como tener metas y sueños, y tener objetivos por los cuales luchar.

¿Cómo debemos afrontar las dificultades y frustraciones en nuestras vidas? Podemos aprender de nuestros propios fracasos o errores, y adaptarnos a los cambios. Este libro «No te rindas» te ayudará y enseñará a afrontar positivamente las adversidades, los miedos y las dudas que nos asaltan en nuestro día a día, convirtiéndonos en vencedores para alcanzar nuevas metas y ver la realidad de la vida.

La felicidad no depende de nosotros porque nosotros estamos vacíos, pero cuando ponemos nuestra confianza en Jesucristo, el autor y consumador de la vida, nuestra felicidad depende de Él. Y la madurez que creamos en nuestra vida es la capacidad de recibir en nuestras vidas para poder dar amor a los demás. Solo cuando venimos a los pies del Señor Jesús, encontramos sentido en la vida y podemos disfrutar del camino en este mundo. Es por eso que muchas personas se quitan la vida, porque no tienen a Jesús y se sienten vacías, solas, sin esperanza, sin metas y sin sueños. Se sienten solas porque no hay nada en este mundo que pueda llenar tu vida como Jesús lo hace. Es por eso que muchas personas pierden sus sueños y dejan de luchar, porque se sienten fracasadas. Déjame decirte que muchas veces me he sentido así, como tú te estás sintiendo, pero nunca he mirado atrás ni me he dado por vencida. Muchas veces he dicho "no puedo más", "ya no puedo más", pero cuando veo a Cristo, me levanto y sigo caminando. Siete veces cae el justo y Jehová lo levanta (Proverbios 24:16).

El que menos errores comete no es más sabio, sino aquel que más aprende de los errores. Los momentos duros, las pruebas y las luchas son las que nos hacen fuertes para ser valientes y no rendirnos. Si puedes controlar tu mente y tus pensamientos negativos, has ganado la primera batalla. Cuando controlamos nuestros pensamientos negativos, también podemos controlar nuestras emociones. Ten cuidado de no dejarte guiar por el corazón, ya que engañoso es el corazón más que todas las cosas (Jeremías 17:9-10). Sobre todas las cosas guardadas, guarda tu corazón, porque de él mana la vida (Proverbios 4:23). Ten mucho cuidado con las emociones, porque nos pueden meter en muchos problemas. Nuestros pensamientos y emociones deben entregarse al Señor; Él debe ser el timón que guíe nuestras vidas.

Ante cada situación adversa que se nos presente en la vida, hay dos maneras de responder: como víctimas, quejándonos y buscando a quienes nos han hecho daño, tratando siempre de justificar nuestros errores y evitando enfrentar la vida, lo cual nos lleva a la derrota y nos aleja de nuestros objetivos; o como guerreros, poniéndonos firmes, entregando esas heridas que nos han hecho a Dios y siguiendo adelante sin mirar atrás, para poder alcanzar nuestro potencial.

Por más difíciles que sean nuestras pruebas, en este libro aprenderás que no estás sola, que no luchas sola, que Dios está contigo y te dice: "esfuérzate y sé valiente" (Josué 1:9). Lucha por tus sueños, no te detengas, no vuelvas a las comodidades, no te retrocedas por miedo. El enemigo no tiene más poder del que tú le das. Pasa al otro lado porque ya estás a punto de llegar. Usa tu autoridad, saca todas las mentiras que el enemigo puso en tu mente, limpia tu mente con la Palabra de Dios. Habla las promesas de Dios en voz alta, repítelas cuantas veces puedas. Solía escribir estas palabras en un papel y las pegaba en mi espejo, las leía cada mañana, cada tarde y cada noche.

Ya has estado mucho tiempo parado esperando, es el momento de seguir, muévete, sigue adelante. No te quedes parado, quita el pie del freno, deja de esperar, no te rindas. Marcha hacia adelante. "Yo que hago dar a luz, ¿no haré nacer?" dice Jehová. "Yo que hago engendrar, ¿impediré el nacimiento?" dice tu Dios (Isaías 66:9). Dios utiliza las cosas duras de nuestra vida, las pruebas, las batallas y los conflictos a los que nos enfrentamos cada día para hacer algo bueno para nuestro futuro. Y sabemos que a los que aman a Dios, todas las cosas les ayudan a bien (Romanos 8:28).

En Isaías 66:9, Isaías dice que Dios no impedirá que algo bueno salga de nuestras luchas, pruebas, adversidades o dolor. Él nos muestra cómo utiliza nuestro dolor y aflicción para convertirlo en algo bueno para nuestras vidas. Sin embargo, muchas veces somos nosotros quienes no dejamos a Dios actuar, no le permitimos que transforme nuestro dolor en algo bueno, porque tratamos de evitar cualquier dolor en nuestras vidas. Comenzamos a quejarnos, a culpar a otros por lo que estamos pasando, nos condenamos a nosotros mismos y nos desesperamos, y no permitimos que Dios tome el timón de nuestras vidas. En esos momentos difíciles, no confiamos en el

Señor, no descansamos confiados en Él, y anulamos el plan que Dios tiene para nuestro futuro.

Nuestro dolor tiene un propósito, ayudarnos a subir más alto. Esto significa que el dolor te ayuda a ser una mejor persona después de enfrentarlo, ya que cada prueba en tu vida te ayuda a aprender algo, a valorar más lo que tienes, a ser más agradecido, a ser una persona más bondadosa y a no pensar solo en ti, sino en los demás. Te digo todo esto porque lo he vivido. Te hablo desde mi propia experiencia. Casi todos los años de mi vida he pasado por muchas pruebas, y siempre, siempre después de esas pruebas he aprendido algo y me han ayudado a ser mejor cada día. Lo mejor de todo es que te vuelves más fuerte cada vez. Después de pasar una prueba, te sientes más fuerte y aprendes algo nuevo. Y cuando llega la siguiente prueba, llega con más fuerza. Cada vez subes más alto y maduras. Llega un momento en el que enfrentas esas pruebas con claridad y serenidad, y no hablas más de tus pruebas, sino que hablas de la grandeza de tu Dios. Cuando ya no te desesperas por el dolor, sino que aprendes a confiar en Dios, ya no estarás llamando a tus amigos y familiares contándoles tus problemas, sino que correrás a tu lugar secreto donde solo Él está contigo. Ahí te arrodillarás y orarás, y allí encontrarás la paz que buscas y experimentarás nuevas fuerzas. Cuando entregas tus cargas pesadas al Señor, no corras escapando de las cosas que te afectan, que te duelen. Enfrenta las pruebas y no permitas que tu pasado afecte tu futuro. Si en este momento estás preocupado y buscando una salida, por favor, no te rindas. Puedes estar tranquilo, sabiendo que el Señor está cambiando las circunstancias y está a punto de traer a tu vida lo que has estado esperando. Lo que estás pasando en este momento, Dios lo está cambiando por el regalo de las promesas que te ha hecho. Él te está llamando en el tiempo perfecto. Solo confía y mantén la calma. Hay promesas que toman años para cumplirse, y se necesita fe para creer que Dios es fiel para cumplir lo que promete. Hay promesas que se cumplen rápidamente, todo depende del plan que Dios tenga para ti. Pero cuando aprendes a esperar en el tiempo perfecto de Dios, no en el permisivo, es cuando haces que esas promesas se cumplan y te vaya muy bien en tu camino.

En la Biblia encontramos muchas historias, por ejemplo, la historia del pueblo de Israel. Ellos eran esclavos en Egipto y Dios envió a un libertador, Moisés, para liberarlos. En su angustia, clamaron a Dios y Él los escuchó (Éxodo 3:7-10). El pueblo salió libre de las manos de faraón y vieron cómo Dios los liberó. Vieron el mar y vieron que faraón y su ejército venían detrás, entonces tuvieron miedo y se quejaron. Cuando te encuentras en una situación sin salida, ¿cuál es tu actitud? Piensa en este momento, sé honesta contigo misma y mira si te quejas igual que ellos o en lugar de quejarte, alabas a Dios.

Mira, te hablo de esto porque yo misma lo he vivido. He pasado por momentos muy duros en los cuales no encuentro salida, pero he aprendido que cuando esos momentos llegan, acudo a Dios aunque no entienda lo que estoy pasando, y lo alabo con todas mis fuerzas. Esa es la forma de hacer que el proceso sea más fácil.

En este capítulo, Dios le habla a Moisés y le dice que extienda su mano y el mar se seque de inmediato, y el pueblo pudo pasar. Pero cuando los enemigos iban a pasar, Dios le da la orden a

Moisés de extender su mano de nuevo y las aguas se volvieron, matando a faraón y a todo su ejército (Éxodo 14:21-24). Y así continuamente, el pueblo se quejaba, y eso alargó el proceso de su promesa. Lo que a ellos les iba a tomar 3 días para que Dios los llevara a la tierra prometida les tomó 40 años. Por quejarse, no vieron la tierra prometida.

Cuando te quejas y buscas excusas por cada cosa, haces que el propósito de Dios no se cumpla en tu vida y que sus promesas tomen más tiempo. Quiero decirte que personalmente he aprendido a lo largo de los años de experiencia que cuando me quejo, pierdo muchas bendiciones y no permito que las promesas de Dios se cumplan en mi vida.

Este libro es un llamado que el Señor me hizo en el año 2010 y comencé a hacer varios manuscritos, los empezaba y no los terminaba. Seguía escuchando el llamado a escribir este libro. Hice alrededor de 40 manuscritos que comenzaba y nunca terminaba. Pero ahora decidí que debía terminar lo que Dios me estaba mandando hacer, ese llamado de Dios con ese sueño de mi corazón. Por eso sé que este libro te está trayendo mucha esperanza a ti que lo estás leyendo, sé que mi historia está tocando tu vida y los corazones de muchas mujeres que lo están leyendo. Te está animando a seguir adelante.

No sé por lo que estés pasando, pero lucha por tus sueños, lucha por tus metas. Estás en el último empujón y con este último empujón comenzarás a trabajar en tus sueños, en tus proyectos. Estás a punto de comenzar. No sé cuál sea tu sueño, tu meta, tu proyecto: un mejor trabajo, un negocio, un estudio. Estás a punto de conquistarlos, pero recuerda, nada es fácil, todo tiene un proceso. No hay victoria sin lucha, antes de tener una victoria, tuviste que pasar por un proceso. No todo lo que brilla es oro. El oro tiene que pasar por un proceso terrible de fuego para llegar a ser un diamante precioso.

Si quieres llegar a ser alguien en las manos de Dios y que Él te use, tienes que pasar por un proceso, y ese proceso duele. Lo mismo ocurre con tus sueños, te va a costar para llegar a ser alguien. Muchas veces vemos a personas exitosas, grandes empresarios, pero no sabemos el gran precio que han pagado para alcanzar lo que tienen. No creas que lo fácil es bueno, las cosas buenas siempre cuestan. Llegar a tener una buena posición es un esfuerzo, es una dedicación, es perseverancia y responsabilidad. Las cosas no suceden en un abrir y cerrar de ojos, es un proceso de esfuerzo, responsabilidad, actitud positiva. No te quedes con los brazos cruzados, vamos, manos a la obra, a trabajar, a esforzarte.

Hace 10 años tuve un accidente y me quebré el pie derecho, con tres fracturas. Me quedé en cama como por 5 meses, sin poder hacer nada. No podía ni pararme, mi esposo me ayudaba a bañarme y a ir al baño. Esos meses fueron muy largos y además eran muy dolorosos. Durante todo ese tiempo en mi habitación, día y noche, tenía mi cuaderno y escribía muchos manuscritos, pero los dejaba sin terminar porque me sentía sin poder hacer nada y con mucho dolor. Pensaba: "¿Para qué voy a escribir esto? A nadie le va a interesar leerlo, por gusto. Además, no quiero que la gente sepa de mi vida". Pero dentro de mí había algo que me decía: "No te detengas, escribe. No importan tus circunstancias, no te preocupes, todo va a estar bien. De esto saldrá algo bueno". Y yo decía: "¿Algo bueno? Si estoy sufriendo mucho, nadie siente el dolor que yo siento". Ese dolor era horrible y esos meses fueron bastantes.

Cuando cumplí 6 meses en esa situación, me hicieron muchos exámenes. El especialista del pie me sometió a muchos exámenes, pero no podían darme terapia debido a la condición de mi pie. El doctor especialista me dijo que la única solución era la operación, pero me advirtió que era muy peligrosa porque las fracturas estaban relacionadas con los tendones. La operación era complicada y solo me daban un 40% de posibilidades de que quedara bien y un 60% de que el pie quedara sin movimiento. Decidí no operarme y confiar en que el Señor es mi sanador. Aprendí a caminar con el dolor. Fue un proceso largo en mi vida y lo más duro fue que fue el pie derecho, con el que yo manejo, lo que lo ha hecho complicado para mí todos estos años desde que me pasó ese accidente. No puedo manejar por mucho tiempo ni por carreteras largas porque el hueso que une los dedos fue fracturado. Al presionar el pedal, se me traba el hueso y el pie queda sin movimiento. Hasta la fecha, 10 años después, aún me afecta. Por un tiempo, eso trajo mucho dolor y tristeza a mi vida. Por un tiempo, renuncié a mis metas y sueños. Pero después, con el tiempo, aprendí a dejar esa carga al Señor y descansar en Él. Él trajo mucha paz a mi vida para seguir luchando y alcanzar mi propósito. Sé que todo esto Dios lo convirtió para bien en mi vida, porque aprendí a ser más compasiva, a pensar en el dolor de los demás y a darles la mano. Me ayudó a madurar más y a ser más agradecida con lo que Dios me da.

Antes de este accidente, me daba mucha pena hacerme el pedicure porque decía: "Mis pies son muy feos, mis dedos son raros". Pero después del accidente, digo: "Gracias, Señor, por mis hermosos pies, porque ellos me llevan y me traen, puedo ir a donde yo quiero". También aprendí a vivir un día a la vez. Antes pensaba en lo que iba a hacer mañana y lo que haría pasado mañana, y nunca había descanso. Ahora vivo el día, lo disfruto, me gozo y me alegro. No pienso en qué será mañana. Así que no nos afanemos por el día de mañana, porque el día de mañana trae su propio afán. Basta a cada día su propio mal (Mateo 6:25). ¿Por qué vamos a darnos por vencidos? ¿Por qué tirar la toalla? ¿Por qué retroceder? Si es mejor seguir adelante que retroceder. Imagínate que ya solo te quede una sola milla para terminar y decides regresar. Ya solo te queda una sola milla y ya caminaste 20 millas, pero para regresarte tienes que volver esas 20 millas que ya caminaste. Piensa, ¿verdad que es mejor terminar la milla que te falta? ¿Qué crees tú? Sé que a ti Dios te está hablando en este libro. Dios me puso a escribir este libro para ti, estoy segura, lo siento. Eres tú quien lo está leyendo en este momento. Sé que el Señor ha visto tus lágrimas y tu dolor.

Mientras escribo este libro, siento que Dios ha querido que lo leas. No sé si lo que estás pasando es similar a lo mío o tal vez es diferente. No sé qué sea, tal vez la pérdida de un negocio, de un trabajo o la partida de un ser querido. Pero este libro te ayudará a tener una mente positiva en la adversidad. Tal vez has sido lastimada, te han herido, te han matado tus sueños de ser alguien en la vida. Tal vez desde que eras niña, tus maestras en la escuela te dijeron que no hacías nada bueno, o tus padres, tus hermanos u otra persona. Porque toda persona que tiene autoridad y nos dice cosas negativas cuando somos niños, lo creemos de tal manera que nos aplastan, y eso nunca nos deja determinar la persona exitosa que hay dentro de nosotros.

Hay otro factor también y ese es el miedo, ese miedo es el que paraliza y no deja a las personas cumplir sus propósitos. Por muchos temores, las personas dejan de trabajar en sus sueños, dejan de hacer cosas que han querido y anhelado hacer. No dejes que esos temores te detengan, ni que esas cosas negativas que te dijeron te sigan dañando. Perdona a todos los que te han lastimado y pídele tu perdón a Dios por todos los errores que has cometido. Pide también perdón a las personas que hayas ofendido. No permitas que esos temores controlen tu vida, no te paralices por temor. Si tienes que hacerlo con temor, hazlo con temor, pero no te quedes parada, sigue luchando.

Al principio de este libro te comenté que yo tenía muchos temores, uno de ellos era subirme a un avión, era algo difícil de hacer para mí, me enfermaba al hacerlo. Pero tuve que decidir enfrentar ese temor y hacerlo con temor. Así fue como enfrenté ese temor. Ahora subo segura sabiendo que el Señor guarda mi vida dondequiera que yo vaya y todo lo que pase será porque Él lo permite, pero siempre estaré en sus manos. Aunque tenga temor, he aprendido a enfrentarlo.

No te rindas nunca, aunque la marea sople duro, aunque el barco esté por hundirse, no tengas miedo, que la barca va con Jesús contigo. Aunque los vientos soplen contrarios a tu favor, no te rindas. Aunque tu familia y tus seres queridos te digan cosas que te dañen, aunque ese negocio tuyo esté a punto de fracasar, aunque hayas fracasado con ese negocio, aunque el esposo que tienes no sea lo que esperabas, aunque no te aprobaran esa beca universitaria que esperabas, aunque no te dieran esa promoción en el trabajo, aunque no pudieras comprar esa casa que esperabas, no te rindas, no te rindas.

Si tus finanzas no van bien y te sientes desalentada porque no tienes para pagar las cuentas, no te rindas. Si no tienes los suficientes fondos para abrir ese negocio que deseas, no te rindas. Si no tienes lo suficiente para darles a tus hijos lo que ellos necesitan, no te rindas. Si ya has intentado varios negocios y ninguno te ha funcionado, no te rindas. Sigue, no te des por vencida.

Mira a Colonel Harland David Sanders, lo despidieron de decenas de empleos antes de fundar un imperio de pollo frito. Viajaba por las calles con sus carretas vendiendo su pollo frito. Fracasó muchísimas veces, pero no se daba por vencido, seguía vendiendo su pollo en sus carretas por las calles. No decía: "Mejor ya no vendo, la gente no me compra mucho, me canso mucho de andar por las calles". No se desanimaba como mucha gente que ni siquiera intenta hacer las cosas. Si quieres los beneficios que otros que se esfuerzan tienen, mira, él fracasó muchísimas veces y había veces que no le quedaba nada de ganancia. Vendiendo su pollo por todas las calles se cansaba de caminar, pero nunca se rindió. En 1971, ya tenía 3500 franquicias con ganancias de setecientos millones al año. Ahora disfrutamos de ese pollo frito que es Kentucky Fried Chicken, al que todos conocemos. Pero imagínate que él, con tanto fracaso, no se rindió. Fue diligente en su esfuerzo de sacar adelante su negocio.

Quiero decirte que es muy fácil darse por vencido, es muy fácil dejar todo tirado y no continuar más, es muy fácil desanimarnos. Si tienes un trabajo y lo dejas de inmediato por algo que no te gusta, buscas otro y te pasa lo mismo. El problema es que no eres perseverante. Dondequiera que vayas, encontrarás obstáculos porque nada es fácil en la vida, y te vas a encontrar con muchos tropiezos, pero tienes que tener paciencia, mucha paciencia y perseverancia.

Hay algo que a muchas personas les cuesta y es permanecer firmes en algo. A muchas personas se les hace fácil comenzar esto y aquello, pero se les hace difícil permanecer. Nos cuesta creer que nosotros podemos hacerlo, que tenemos las cualidades para lograrlo, que Dios nos ha dado mucha inteligencia, que somos fuertes. "Todo lo puedo en Cristo que me fortalece" (Filipenses 4:13). Tú eres una mujer emprendedora, Dios te ha llenado de sabiduría y te ha dado dones para poder hacer muchas cosas a la vez.

Sabes que cada mañana que Dios te permite abrir tus ojos es una victoria. Nuevas son cada mañana sus misericordias para con nosotros (Lamentaciones 3:10). Cada día que despiertas es una nueva esperanza, una nueva oportunidad, un nuevo sueño, una nueva meta. No hay por qué desanimarnos. Solo con la vida que Dios te permite tener y la salud, es más que suficiente para estar contenta y feliz.

En la Biblia, hay un hombre al que Dios llama y le dice: "Esfuérzate y sé valiente, no temas ni desmayes, porque Jehová estará contigo dondequiera que vayas" (Josué 1:9). Me encanta la vida de Josué. Fue un gran líder que Dios escogió para ayudar a Moisés. Josué estaba siempre al lado de Moisés, respiraba esa presencia de Dios. Moisés buscaba siempre la presencia de Dios, allí recibía nuevas fuerzas para seguir luchando con un pueblo necio y rebelde. En esa presencia de Dios, Moisés se consolaba y seguía adelante. Por eso dice que Moisés nunca se rindió, nunca vio hacia atrás y nunca renunció. Porque esa presencia de Dios lo mantenía con fuerzas. Dice que cuando Moisés levantaba las manos, el pueblo tenía la victoria, y cuando las bajaba, el pueblo perdía (Éxodo 17:11-13). Imagínate el poder que trae la alabanza. Cuando buscas a Dios de corazón, en lugar de quejarte, le pides nuevas fuerzas como Moisés y le alabas y adoras, jamás te vas a rendir. Nunca te rendirás. Si haces como Josué, que estaba donde Moisés andaba, entonces serás como Josué. Nunca te rendirás, serás valiente y llevarás a las personas a la tierra prometida.

Mi siervo Moisés ha muerto. Ahora pues, levántate, cruza este Jordán tú y todo este pueblo, a la tierra que yo les doy a los hijos de Israel. Toda la tierra que pise la planta de tus pies será tuya, tal como le dije a Moisés. Desde el desierto y este Líbano hasta el gran río, el río Éufrates, toda la tierra de los hititas, hasta el mar grande que está hasta la puesta del sol, será tu territorio. Nadie te podrá hacer frente en todos los días de tu vida. Así como estuve con Moisés, estaré contigo. No te dejaré ni te desampararé (Josué 1:2-5). Imagínate qué promesa tan grande es esta. Dios llama a Josué y le dice que lo bendecirá, que conquistará la tierra prometida, pero le dice que se esfuerce y sea muy valiente. Le anticipa que no será fácil, que pasará por muchas tormentas, pero Josué tendrá que ser valiente como Moisés y buscar la presencia de Dios como él. Cuando Dios te da promesas, las cumple, pero lo que Dios te manda hacer no será fácil. Sin embargo, Él estará en esa barca contigo y la barca no se hundirá porque Él irá en esa barca contigo.

Haz como lo hizo Josué, busca andar cerca de Moisés, un hombre lleno de Dios. Acércate a personas que estén llenas de la presencia de Dios. Imagínate a Moisés recibiendo el llamado de Dios, pero negándose a recibirlo porque se creía incapaz de hacerlo. Veamos en Éxodo 4:1-17: Moisés respondió diciendo: "He aquí, ellos no me creerán ni oirán mi voz, porque dirán: 'No te ha aparecido Jehová'". Entonces Jehová le preguntó: "¿Qué es eso que tienes en tu mano?" Y Moisés respondió: "Una vara". Jehová le dijo: "Échala en la tierra". Moisés la echó en la tierra y se convirtió en una serpiente. Luego Dios le dijo a Moisés: "Extiende tu mano y tómala por la cola". Moisés extendió su mano, tomó la serpiente por la cola y se convirtió en vara nuevamente. Jehová le dijo: "Si no te creen, les mostrarás esta señal". Moisés le respondió a Jehová: "Señor, nunca he sido hombre de fácil palabras, ni antes ni ahora, porque soy tardo en el habla y torpe de lengua". Y Jehová le respondió: "¿Quién dio la boca al hombre? ¿O quién hizo al mudo y al sordo? ¿Al que ve y al ciego? ¿No soy yo, Jehová? Ahora, ve, y yo estaré con tu boca y te enseñaré lo que hayas de hablar". Imagínate a Dios dando tantas señales a Moisés y él no creyendo los milagros que Dios le estaba mostrando que podía hacer a través de él. Aun así, Moisés no creía y comenzó a decir cosas negativas sobre sí mismo. ¡Qué tremendo! De la misma manera, Dios te ha mostrado sus milagros, te ha mostrado que siempre ha estado contigo. Hay grandes milagros que Dios ha hecho en tu vida de los cuales ni siquiera has dado testimonio. Tal vez te ha dado vergüenza lo que dirán o tal vez piensas que la gente no te creerá, al igual que Moisés. Muchas veces has pensado que no sirves para nada, que todo te sale mal. Has tenido muchos deseos de emprender cosas, pero no lo haces porque tu esposo o tu familia no te apoyan. Piensas que no estás capacitada para lograr lo que te has propuesto hacer. No sabes de lo que eres capaz de lograr. Mira lo que Moisés creía de sí mismo, que no podía hacer lo que Dios le estaba mandando.

Lee la Biblia y mira todo lo que Moisés logró. Fue un gran líder. Imagínate dirigir a ese gran pueblo durante 40 años, un pueblo rebelde. No es fácil, pero tú también eres capaz de hacerlo. Tú puedes. No pienses cosas negativas de ti. Tienes que verte como te mira Dios. Solo esfuérzate y sé valiente. Tú, que estás leyendo este libro, Dios te ha dado un llamado, pero pones tantas excusas y no haces lo que el Señor te está mandando hacer. También en tu vida profesional tienes muchos deseos de seguir adelante, de emprender nuevas metas, pero no sigues porque comienzas a dar muchas excusas. "No puedo, nadie confía en mí, nadie va a creer, no tengo el conocimiento, soy muy débil, estoy enferma, soy muy tímida, soy muy pobre, nadie cree en mí, no tengo talento". Ha habido muchas personas a tu lado que te han animado, te han dado palabras de aliento, te han dado un abrazo, pero tú no has querido escuchar. El Señor te ha dado palabras y ha hecho muchos milagros en tu vida, ha sido bondadoso contigo, te ha bendecido tanto, y tú te quejas. En lugar de agradecer todas las bendiciones que él te ha dado, vives en continuo lamento. Nada de lo que comienzas terminas. Y otros de ustedes que están leyendo este libro ni siquiera se atreven a comenzar algo. Te cuesta creer que Dios te ha llenado de dones y talentos, y que eres una mujer súper valiente. El motivo es que tú misma no lo crees, tienes muy poca imagen de ti misma. No te amas a ti misma, vives siempre desanimada y estresada, solo pensando en lo que otras mujeres han logrado, en las victorias que otras han alcanzado, y piensas que tú no puedes. Tienes que trabajar en cambiar esa mente negativa por una positiva. Imagínate lo que ya leímos de Moisés, mira la autoestima que él tenía de sí mismo. Se creía torpe para hablar, tímido, que no le gustaba hablar con la gente. Y mira, Dios le dice: "¿Quién hizo la boca al mudo? ¿Quién hizo oír al sordo?" ¡Mira qué tremendo! Dios muchas veces nos habla, nos habla de muchas formas, nos está animando a luchar, a perseverar, y nosotras nos sentimos de esa manera que se sintió Moisés. Nos sentimos tontas, que no sabemos hablar o hacer algo que queremos hacer. Nos da pena que la gente se ría de nosotras o que hagan comentarios negativos acerca de nuestra persona, y por eso desistimos de obedecer a Dios o de salir adelante en algún proyecto de algo que nos gusta hacer por temor a lo que dirán de nosotras si nos va mal, si las cosas no salen como queremos. Personalmente, Dios me salvó cuando tenía 9 años, cuando era una niña, y a los 12 años me bauticé. El Señor me dio un llamado cuando tenía 14 años y me dijo que iría por las naciones a predicar su palabra. Yo me estremecí de miedo porque era muy jovencita, sin ninguna experiencia, y además era muy pobre. Yo pensaba: ¿cómo puede suceder esto si soy tímida y me da pena hablar con la gente? Decía: "Nadie me escuchará, me mirarán como ignorante". También me daba miedo pensar que tendría que ir a lugares desconocidos con gente desconocida. Así pasó el tiempo y siempre seguí con ese llamado, pero le decía al Señor: "Cuando me gradúe, estaré preparada para hacer tu llamado". Pero luego me gradué de secretaria y no cumplí con el llamado de Dios porque mi mente siempre pensaba igual. Unos años después conocí a mi esposo y dejé de lado ese llamado de

Dios para convertirme en esposa y madre. Pero siempre seguí con ese llamado, aunque me escondía de obedecer y me daba temor. En 2010, el Señor me llamó a escribir un libro porque me dijo: "No puedes hablar, pero puedes escribir". Pero dudaba si era realmente un llamado de Dios. Inmediatamente se lo conté a una amiga y ella me dijo: "Oremos por ese llamado". Me prometió orar una hora diaria en mi casa y así lo hicimos. Ella fue fiel en su promesa de apoyarme en la oración. Estuvimos orando así durante aproximadamente un año y recibimos la confirmación de que era la voz de Dios llamándome a escribir. Comencé a escribir, pero llegaban pensamientos negativos a mi mente y me desanimaba y dejaba de escribir. Luego mi amiga me llamaba y me decía: "¿Y cómo va la escritura?" Yo le decía que paré y ella me decía: "No te rindas, sigue que el Señor te respaldará". Yo seguía, pero muchas veces esos pensamientos llegaban a mi mente: "No puedes, ¿cómo vas a hablar de tu vida? A nadie le interesará, nadie lo leerá, es por gusto, no lo hagas, la gente hablará mal de ti". Y dejaba mi manuscrito a medias. Después, Dios volvía a hablarme y así pasé mucho tiempo. Pero el llamado de Dios seguía ahí, él seguía llamándome, seguía animándome. Él me decía que aunque esos pensamientos llegaran a mi vida, no debía permitir que se instalaran, que los cambiara por pensamientos buenos. Que confiara en que aquel que me llamó nunca me dejaría y que estaría conmigo desde el principio hasta el fin. Solo debía obedecer, aunque no hubiera elocuencia ni fama de autor, nada de eso me detendría. Porque él estaba haciendo que este libro llegara a tu corazón, a lo más profundo de tu corazón. Él estaba haciendo que este libro ayudara a aquellos que lo leyeran a levantarse. Decidí obedecer y ahora estás leyendo este libro porque Dios tiene muchos propósitos contigo. Mira Éxodo 4:12: "Ahora, ve, y yo estaré con tu boca y te enseñaré lo que debes hablar". No te detengas, él pondrá en ti los dones y talentos que necesitas para desempeñar el trabajo que debes hacer. Él te capacitará, nunca estarás sola en ningún momento. Hay momentos duros en la vida, eso es cierto, y hay pruebas que llegan a tu vida, de las cuales sientes que ya no podrás levantarte. Pero no te preocupes, hay una esperanza para ti. Recuerda que no hay victoria sin pruebas. Mientras más dura es la prueba, mayor es la bendición que llegará a tu vida. Las pruebas nos llevan al camino del éxito, nos enseñan lecciones, son como nuestros maestros. Recuerdo a mis maestros de la primaria, de la secundaria y de mi carrera. Eran estrictos, pero eran los que mejor enseñaban y de quienes más aprendía. Tal vez era el miedo que les tenía lo que me hacía prestarles tanta atención y cumplir con mis tareas. Así son las pruebas, son nuestros maestros, maestros que nadie quiere tener. Pero a través de ellas, aprendemos a ser mejores personas. Del mismo modo, cuando nos equivocamos o cometemos un error al tomar una decisión equivocada, cuando hemos luchado mucho por algo y fracasamos, eso no es el final. De cada fracaso se aprende. Lo único es que, si aquí te equivocaste, no vuelvas a cometer el mismo error. Aprende de esa experiencia. Mira, yo admiro mucho la historia de Helen Adams Keller, ella era ciega, sordomuda. A la edad de 19 meses, tuvo una enfermedad que la dejó ciega y sorda. Pero desde niña, nunca se rindió. Siempre tuvo una actitud positiva hacia sí misma. Sacaba buenas notas y no le importaba si sus amigas de clase se burlaban de ella. Sobresalió en sus estudios y fue a la Universidad de Harvard. Escribió muchos libros. A lo largo de su vida, tuvo muchos problemas de salud, pero nunca se rindió. Aprendió a confiar en Dios, a saber que no estaba sola y que Dios estaría con ella siempre. ¡Mira qué hermoso! Con todos sus problemas de salud, ella nunca se dio por vencida. Dejó huellas en su camino y llegó a ser una mujer empresaria.

"Mira, si estás dejando huellas en tu camino, si estás luchando por conseguir tus metas, no te detengas, sigue adelante. No importa cómo te sientes o cuál es tu condición, continúa. Tal vez ya estás a medio camino, quizá estás casi llegando, pero por favor, no te detengas. Imagina que has andado la mitad del camino y te regresas, tendrás que transitar todo el camino de vuelta y luego te sentirás frustrado porque no lo lograste. No te detengas, aunque lo que estés pasando sea difícil. Tal vez sientas que estás cansado/a o solo/a, pero sigue lo que has comenzado. Dios siempre pondrá gente en tu camino que te ayudará a continuar. Él te equipará con lo que necesitas y pondrá personas que ni siquiera conocías para ayudarte. Ánimo, no estás solo/a. Ha habido personas que te han animado, que han levantado tus brazos cuando sentías que no podías más. Personas que te han dado palabras de aliento y te han motivado a seguir adelante cuando estabas a punto de rendirte. Esas personas te han apoyado en oración para que Dios te diera fuerzas. Aunque haya habido personas que te hayan dejado sola en momentos difíciles, recuerda que Dios lo permitió para que aprendieras a confiar en Él.

Tú clamaste a Dios y Él te escuchó, te consoló y te animó, diciéndote que no estabas sola, que siguieras, que no te detuvieras, que no retrocedieras, incluso cuando los vientos fueran fuertes y tu barca estuviera a punto de hundirse. Pero muchas personas se dan la vuelta y retroceden porque piensan que Dios los ha dejado solos en el camino. Piensan que al dejar de hacer lo que estaban haciendo, se salvarán de fracasar. No perseveran en el llamado que Dios les ha dado por temor a muchas cosas. Pero sabes lo que alegra el corazón de Dios: cuando una persona, a pesar de lo que esté viviendo, a pesar de las circunstancias, no se rinde. En lugar de quejas y justificaciones, alaba a Dios en esos momentos difíciles. Solo salen palabras de alabanzas y agradecimiento a Dios. Estas personas, a pesar de su sufrimiento, siguen adelante y no se rinden.

Mira, tú que estás leyendo este libro, tú que habías renunciado a tus sueños, a tus metas, no sé qué es lo que dejaste tirado, ya sea un llamado de Dios, un estudio, un negocio. Cualquier cosa por la que te hayas rendido, tal vez la muerte de un ser querido, la pérdida de una casa, una bancarrota, deudas que te llevaron a tomar decisiones equivocadas, un divorcio, la pérdida de una relación amorosa, una enfermedad, entre otras, pero hoy no es casualidad que estés leyendo este libro, este libro era especialmente para ti. Dios quería que lo leyeras porque quiere decirte que aún no es tarde para reaccionar, no es tarde, todavía hay esperanza, todo es posible.

Levántate, ánimo, no te rindas. Este es tu mejor momento, este es el momento de luchar, porque Dios está escribiendo una nueva historia para ti. Olvida tu pasado, no dejes que afecte tu futuro. "De modo que si alguno está en Cristo, nueva criatura es; las cosas viejas pasaron; he aquí, todas son hechas nuevas" (2 Corintios 5:17). Dios está escribiendo una nueva historia en tu vida. Yo te conté la historia de mi niñez, una niñez que nunca tuve, porque nunca la disfruté. Nunca tuve juguetes, me gustaban mucho las muñecas, y yo jamás tuve una. Recuerdo que mis amigas siempre jugaban con sus muñecas y juguetes, pero no me dejaban tocarlos. Pero yo decía: algún día tendré juguetes. Sin embargo, esa niñez que tuve no afectó mi futuro, porque no me quedé rendida. Me esforcé mucho, pero lo que más me ayudó fue que a los 9 años conocí a Jesús, mi Salvador, porque Él trajo mucha paz a mi vida y me llevó por un camino de cambios. Ahora te cuento todo lo que el Señor me ha permitido hacer y tener, y hasta dónde me ha permitido llegar. Pero Él premia nuestra fe, la fe de creerle y confiar en Él, y también premia nuestro esfuerzo y perseverancia. Él no premia a los cómodos, a los que no se esfuerzan, a los que no salen de su lugar de comodidad. "La mano negligente empobrece, pero la mano de los diligentes enriquece" (Proverbios 10:4). Tu perseverancia y esfuerzo te ayudarán a lograr tus metas. Recuerda siempre que el Señor va contigo, no estás solo/a".

PIEDRAS DE TROPIEZO

Satanás va a usar personas en tu camino para lastimarte, hacerte daño y evitar que avances. Satanás quiere que creas sus mentiras y te haga sentir que no vales nada y que no puedes lograr nada. Su trabajo es hacernos sentir mal. Cuando escuches a gente hablando mal de ti y diciendo cosas negativas, ignóralos, no les prestes atención y perdónalos. Cada vez que alguien te lastima, quedan en deuda contigo. Perdónalos por esa deuda. No escuches las cosas del pasado que te afectan. Cuando Satanás te recuerde el pasado a través de esas personas que hablan mal de ti, dile sobre su futuro, porque él ya está en sus últimos días según Apocalipsis 20:10. No le creas sus mentiras, él no puede hacerte daño a menos que tú se lo permitas.

Cuando yo era niña, llegaba a casa una comadre de mi madre, se llamaba Chabela, tenía varios hijos, la mayor de ellos era Lorena, de diecisiete años, mientras que yo tenía ocho años en aquel entonces. Yo fui abusada por ella, me tocaba mis partes privadas con sus dedos. Esa mujer que me lastimaba era como un monstruo en mis pensamientos, no me dejaba en paz. Sentía desconfianza hacia la gente y no permitía que buenas amistades entraran en mi vida. Crecí con la mentalidad de que cualquiera podía lastimarme. Aunque conocí a Jesús a los 9 años y le pedía en mi habitación que me cuidara, crecí con la idea de que la gente cercana puede hacerte daño, lo que me impedía avanzar.

Cuando conocí a mi esposo actual, lo primero que le dije fue que no confiaba en que un hombre pudiera quererme y cuidarme, porque si mis padres no habían cuidado de mí cuando era niña, ¿por qué lo haría alguien más? Sin embargo, él me prometió quererme y cuidarme siempre, y nos casamos. Cuando tuve hijas, traté de cuidarlas mucho para que no pasaran por lo que yo pasé. Aunque había sido cristiana durante muchos años y tenía una relación con Dios a través de la oración y la lectura de la Palabra, no era completamente libre porque no había perdonado completamente a quienes me habían hecho daño, especialmente a mis padres. Mis padres, con sus palabras y falta de cuidado, me lastimaron. Mi padre fue infiel y un mal ejemplo para mí y mis hermanos, y mi madre me llamaba loca. Sin embargo, doy gracias a Dios porque Él le mostró a mi madre que yo no era lo que ella creía y que yo nací con un propósito divino en mi vida. A pesar de que algunos de mis hermanos también me han llamado loca, Dios les ha mostrado lo equivocados que estaban. Gloria a Dios porque Él nunca deja solos a sus hijos, nunca me dejó sola, siempre estuvo conmigo. No me gusta contar mi vida a nadie, siempre he preferido mantener mi vida en privado. Pero fue Dios quien me llamó a hablar y escribir esto para poder ayudar a aquellas personas que han pasado por experiencias similares. Sé que escribir esto me ha costado porque no ha sido fácil, pero si Dios me lo ha mandado, debo obedecerle."

SI USTED FUE ABUSADA GOLPEADA, MALTRATADA, O TUVO UN PASADO TRISTE ¿CUÁL ES SU CONDUCTA A HORA QUE YA TIENE A CRISTO EN SU VIDA?

Bueno, tienes que darte cuenta de cómo te estás comportando ahora con los demás, cuál es tu conducta. ¿Las personas ven a Cristo en tu vida? Muchas personas ya están en Cristo y se enojan muchísimo, lastiman a otros con sus caracteres dominantes e impulsivos. Ese es el fruto de lo que vivieron cuando eran niños y todavía no lo han entregado a Dios. Cuando llegas al Señor, lees Su palabra y reconoces que Él llevó todo eso que pasaste a la cruz del calvario y te hizo libre, entonces te acercas a Él, a la Fuente de agua viva (Juan 4:14). Cuando vienes a esa Fuente, que es Jesucristo, te llenas de Su amor, y es ahí donde puedes caminar en amor y mostrar los frutos de Su Espíritu. ¿Cuáles son esos frutos? Gálatas 5:22 dice: "Mas el fruto del Espíritu es amor, gozo, paz, paciencia, benignidad, bondad, fe". Dale un recorrido a tu vida y piensa si realmente estás teniendo estos frutos o si estás viviendo una vida fingida donde demuestras a las personas que eres feliz, cuando en realidad estás cargando un gran yugo en tu espalda que no has podido soltar desde hace muchos años.

Hay una anécdota que escuché hace mucho tiempo que hablaba de un hombre que iba por el camino con un costal de papas en la espalda. Iba caminando por un gran camino largo, todo cansado y sediento. De repente, aparece otro hombre en un carro y le dice: "Señor, ¿necesita un jalón para llegar a su destino?". El hombre cansado y sediento responde: "Sí, muchas gracias". Entonces se sube al carro y el hombre que maneja el carro se da cuenta de que todavía está cargando el costal de papas en su espalda. Le dice: "Oiga, señor, quítese ese costal de su espalda y póngalo en el carro". El hombre responde: "No, señor, eso sería mucha molestia, sería abusar de su confianza. No solo me está llevando a mí, sino que también tendría que cargar con este costal de papas que es muy pesado". Imagínate, pensaba que si se quitaba esa carga de su espalda y la ponía en el suelo del carro, iba a ocasionar más molestias al que lo estaba llevando. ¿No te sientes familiarizada con esto? Muchas mujeres todavía están en esta condición. El Señor Jesús te dio la libertad, te hizo libre para que vueles como el águila, pero ellas todavía están cargando con su culpa, todavía están cargando con la maleta del pasado, una maleta muy pesada que llevan en sus hombros y por eso no descansan día y noche. "Si conocieres la verdad, la verdad te hará libre" (Juan 8:32). No hay otro camino hacia la libertad, el único es Jesucristo, solo Él nos hace libres. Las personas que ya tienen a Cristo Jesús ya no pueden andar tristes ni enojadas porque su felicidad no depende de sus circunstancias, sino de Dios. Por eso hay muchas personas que han sido exitosas, pero su pasado triste los marcó y nunca pudieron enfrentarlo. Ni su fama ni su dinero pudieron ayudarlos. ¿Por qué? Porque les faltó Cristo.

Leí la historia del exfutbolista Aaron Hernández, un hombre que parecía tenerlo todo: éxito profesional, juventud y dinero. Tenía todo, no le faltaba nada, aparentemente. Pero al examinar su vida desde su niñez, se pueden ver las huellas que marcaron su pasado, y esas señales se notaban en su carácter y comportamiento con sus compañeros, pero nadie quiso verlo de esa manera. Hasta que la policía investigó y se dieron cuenta de que había matado y cometido otras cosas. Lo metieron en la cárcel y le dieron cadena perpetua, y terminó quitándose la vida. ¿Por qué pasó esto? Porque nunca habló de eso con nadie y pensó que haciendo las cosas que quería lo sacarían de la soledad y depresión acumulada que lo llevaron a cometer esos actos. Recuerda que había algo que él necesitaba, y eso era Jesús. Él necesitaba a Jesús en su vida para ser libre. Solo Él puede llenar ese vacío de soledad, ese vacío que no llena ni la fama, ni el dinero, ni casas ni carros. Solo Jesucristo puede llenar ese vacío. Y si estás leyendo este libro y no conoces a Jesús, te invito a que tomes esa decisión hoy. Tiene que ser hoy mismo, mañana será demasiado tarde para ti. Hoy el Señor te está llamando, acércate a Él. Haz esta confesión: cierra tus ojos, levanta tu mano derecha y di, "Señor Jesús, me arrepiento de todos mis pecados. Confieso que soy pecadora. Perdóname, por favor. Entra en mi vida. Te invito a morar en mi vida. Quiero que seas mi Señor y mi Salvador. Inscribe mi nombre en el libro de la vida. Yo prometo buscarte todos los días de mi vida. Amén". Ahora que has hecho esta confesión, viene el perdón. No es una casualidad que estés leyendo este libro, esto era un propósito de Dios para tu vida.

PERDONAR

Si has pasado por algo similar o incluso algo peor, el siguiente paso es perdonar. Perdona a quienes te han hecho daño, perdona de todo corazón. Cuando perdonas, te liberas, porque cuando alguien te ha hecho daño, está en deuda contigo, pero no en términos de dinero, sino en el ámbito espiritual. Al perdonar, liberas esas deudas y te haces libre tú mismo. Ya no los recuerdas de una manera que te afecte, sino que los recuerdas para ayudar a otros.

Recuerdo haber hablado de esto con una de mis hermanas, y ella me decía: "Hermana, esto que te sucedió cuando eras niña tenía un propósito. No es que Dios envíe pruebas y tormentas, sino que, a través de eso, tú puedes ayudar a muchas personas que han pasado por lo mismo o situaciones similares". Me dijo: "O sea, se convirtió en un puente en tu vida". Y yo pregunté: "¿Cómo un puente?". Ella respondió: "Sí, un puente por el cual las personas que atraviesan con esos problemas pueden llegar a la libertad". Y fíjate que eso es exactamente lo que sucedió.

Mientras escribía estas frases, recibí una llamada de una amiga muy querida, a quien llamaré María para no revelar su nombre real. Ella me pidió que fuera a orar por su hija de 7 años, quien estaba experimentando problemas similares a los que yo viví a esa edad. No fue una casualidad que me llamara para esto, fue Dios quien la puso en mi camino, para mostrarme que ella era la primera persona que estaba pasando por el puente hacia la libertad. Esas son las personas que llegarán a mí y a quienes podré ayudar, así como Dios me ayudó a mí.

Le pregunté acerca del padre de la niña y ella me dijo que al padre le gustaba estar con muchas mujeres, al igual que mi propio padre. Puedes ver cómo todo esto está relacionado, son maldiciones que nuestros padres nos transmiten a través de sus pecados. Estas maldiciones debemos romperlas cuando venimos a Cristo Jesús, porque en la cruz del Calvario él pagó por todos nuestros pecados y es allí donde nos hace libres, porque "si el Hijo os liberta, seréis verdaderamente libres" (Juan 8:36).

Todo lo que te pasa obra para bien

¿No es maravilloso ver cómo algo bueno sale de tanto dolor? Por eso es importante que, en los momentos duros de nuestra vida, alabemos a Dios sin quejarnos. No importa lo que estés pasando, alaba a Dios en cualquier circunstancia. Hace aproximadamente 3 años, una de mis clientas se enfermó de cáncer de seno y pasó batallando por ese cáncer durante unos meses. Le dijeron que solo le quedaban 3 meses de vida. Uno no podía ir a visitarla porque ella no quería visitas, pero cuando uno la llamaba, ella era quien nos alentaba a todos. Respondía: «Estoy muy bien, muy alegre, muy agradecida con Dios por el tiempo que me ha permitido vivir en esta tierra, por la familia que me ha dado, y porque me ha dado estos meses para esperarlo cuando venga por mí y llevarme donde no habrá más llanto ni dolor. Por fin estaré con él, lo podré conocer». Ella me dijo que cuando el dolor llegaba, ella alababa a Dios y cantaba himnos de alabanza. ¡Wow, qué tremendo! Ella no cuestionaba a Dios diciendo "¿por qué a mí me pasó esto?". Ella sabía y había entendido que a Dios no se le cuestiona, a Dios se le obedece. Ella era una mujer que amaba a Dios y era muy amigable y agradable. En esos momentos, ella no sabía cuál era el propósito de Dios, si sanarla o llevarla, pero la última vez que hablé con ella por teléfono, fue una semana antes de morir. Ella me dijo: "Anabella, no sé si el propósito de Dios es sanarme o llevarme, pero sea cual sea su voluntad, aquí estoy. Me dijo que este dolor era feo, pero el Señor no nos da más de lo que no podamos aguantar. Y me dijo que si me sana, será con un propósito para que yo le sirva, y si ya se cumplió mi salida, entonces este dolor ha servido para prepararme para estar allá con él para siempre". Muchas veces no entendemos el dolor, y a veces le pedimos al Señor que sane a nuestro ser querido y Él no lo sana, sino que se lo lleva con Él. Y muchas veces queda el dolor ahí, e incluso hay personas que se apartan del Señor enojados porque no lo sanó.

El Señor es nuestro médico. En Isaías 53:4-5 dice: "Ciertamente llevó él nuestras enfermedades, y sufrió nuestros dolores, y nosotros le tuvimos por azotado, por herido de Dios y abatido, mas él herido fue por nuestras rebeliones, molido por nuestros pecados; el castigo de nuestra paz fue sobre él, y por su llaga fuimos nosotros curados". Él nos puede sanar, si así es su voluntad, pero muchas veces su voluntad es llevarse a la persona porque así lo decidió Él, por duro que sea. Y recuerda que somos de Él, todo lo que tenemos le pertenece a Él. Todo aquí en la tierra es pasajero y todo es por un momento. Él nos ha prestado todo lo que tenemos, así que Él puede hacer lo que Él quiera. Y si te pones a recordar las cosas duras que te han pasado y piensas después de un tiempo que pasaron esas cosas duras, piensa en lo que aprendiste o en las bendiciones grandes que llegaron después de ese sufrimiento.

Darle gracias a Dios por todo lo que nos ha dado

Es muy importante siempre darle gracias a Dios por todo lo que nos ha dado. A veces pensamos que, por nuestra inteligencia, tenemos esto y aquello. A veces creemos que porque tenemos los mejores títulos somos mejores que otros, o porque tenemos los mejores carros o las mejores casas, o porque tenemos los mejores privilegios, somos mejores que otros y nos sentimos tan importantes que nos olvidamos de darle las gracias a Dios porque Él nos ha ayudado a estar donde estamos. Él nos ha dado salud, inteligencia y fuerzas, y nos ha dado la familia que tenemos, nuestros hijos y nuestros cónyuges. Qué lindo es cuando reconocemos que Él es quien nos ha dado todo. David fue un hombre siempre muy humilde. Llegó a ser rey de Israel y siempre reconocía que era Dios quien lo había puesto ahí. Él siempre alababa a Dios (Salmo 119:164-165). Nunca te olvides de quién te ha llevado donde estás ahora.

Cómo te ves tú y cómo te mira Dios

¿Cómo te ves a ti misma? ¿Te ves como la gente en tu pasado te veía? ¿O te ves como Dios te ve? Muchas de ustedes fueron marcadas desde niñas, les dijeron que no llegarían lejos, te desanimaron. Pero tú, con mucho esfuerzo, te has levantado y has seguido adelante, has sobresalido. Ahora miras hacia atrás y buscas a aquellos que siempre te maldecían y nunca creyeron en ti. ¿Dónde están ellos ahora? Pero tú, que estás leyendo este libro y sientes que realmente es para ti, tal vez te ha costado seguir adelante y te has quedado estancada, esperando una nueva oportunidad en tu vida. No permitas que las mentiras de Satanás, como que la gente que querías te falló y que nadie te ha querido y solo te han señalado, afecten tu vida. Sigue adelante, no te detengas, persigue tus sueños, pero sobre todas las cosas, ora, ora y ora. La clave para el éxito es la oración, estar en la presencia del Señor. Las personas que tienen una vida de oración, una vida entregada a Dios en intimidad con Él, nunca se rinden. Mira mi historia, cuando era niña, mi madre siempre decía que no era normal, pero desde que conocí al Señor, rompí con esa maldición con la que mi madre y mi padre me tenían atada. Incluso unos cuantos hermanos creyeron esa mentira, pero lo importante fue que yo me vi como Dios me veía. Mira hasta dónde me ha llevado el Señor, hasta dónde me ha puesto. Para Dios, soy como la niña de sus ojos (Zacarías 2:8).

¡Qué maravilloso es saber que Él me ama de esa manera y que soy como la niña de los ojos de Jehová! Sigo contándote de mí, mi madre creía que no servía para nada, siempre me lo decía. Pero gracias a la misericordia de Dios, Él cambió todo eso para bien. Desde niña, nunca me rendí, siempre salí adelante, aunque no fue fácil muchas veces. Pero nunca me rendí. Pude perdonar a mi madre hace muchos años y gracias a Dios, me ha permitido ayudarla en todo lo que necesita. Siempre estoy pendiente de ella. Así que te invito a que nunca te rindas, se perseverante en todas las cosas. Si comienzas algo, termínalo. Si en tu mente tienes un deseo, no lo dejes solo en tu mente. Ora, ora y ora. Y después de orar, espera escuchar la voz de Dios. Si sientes paz, actúa, manos a la obra. Porque muchas veces queremos que Dios haga todo y que las cosas nos lleguen como por arte de magia. Pero no funciona así. Dios hace Su parte, pero tú también tienes que hacer la tuya. Recuerda que todo lo bueno cuesta, tienes que pagar el precio por lo que quieres hacer o lograr. Muchas veces solo somos espectadoras de lo que otros logran y vemos cómo muchos han alcanzado grandes cosas. Y nos decimos: "¡Quisiera estar yo así!". Pero no sabemos por lo que esas personas han pasado para alcanzar lo que han logrado. Tienes que esforzarte si quieres ser alguien que deje huellas en su camino, huellas que muchas personas quieran seguir.

Muchas mujeres han alcanzado grandes cosas porque fueron diligentes, y aunque enfrentaron tormentas fuertes y sintieron que la barca se hundía, sabían que Dios estaba con ellas y nunca se dieron por vencidas. No retrocedieron ni dejaron todo tirado a mitad del camino. La victoria no es para el que comienza algo, sino para el que lo termina. Mira en las maratones de carreras, los premios no son para los que comienzan, sino para los que terminan la carrera y lo hacen de manera legítima. Así mismo es en nuestras vidas, tenemos que terminar lo que empezamos. Y si al final no te fue bien con lo que querías lograr, sigue, continúa, aunque fracases muchas veces. De todas esas veces vas a aprender algo, vas a salir con más sabiduría para la próxima. En mi carrera profesional, he enseñado a muchas personas a emprender su negocio, a invertir en bienes raíces, y muchos me han prestado mucha atención y han sido esforzados y han luchado por alcanzar su objetivo. Muchas personas, por temor, dejan de invertir para tener su propia casa y se quedan rentando por años. Qué triste que el temor te detenga y no puedas alcanzar tus objetivos. Hay dos factores que detienen a las personas de seguir sus propósitos y metas, y estos son el temor y la falta de interés.

TEMOR

El temor es una de las razones por las cuales las personas no alcanzan su mayor potencial. Temen fracasar, temen lo que dirán las personas que los conocen sobre lo que están haciendo, y piensan que sus conocidos creerán que no son capaces de lograrlo. Temen sentirse inútiles, temen lo desconocido y temen dejar la comodidad para emprender algo nuevo. Cuando me casé con mi esposo, vivía llena de temores. Todo me daba miedo, pero sabía que era debido a mi niñez. Un día, después de algunos años, mientras oraba en la madrugada, escuché la voz del Señor a través de su palabra, que decía: "Si el Hijo te liberta, serás verdaderamente libre" (Juan 8:36). Así que decidí desde ese momento hacer las cosas a pesar del temor, y si el temor llegaba, lo ignoraría, porque el verdadero amor de Dios expulsa todo temor (1 Juan 4:18). Este versículo me inspiró a llenarme del amor de Dios para eliminar el temor de mi vida que me asustaba. Esto no significa que ya no tenga temores, pues aún pueden aparecer, pero los enfrento con la palabra de Dios y no me paralizan, porque aunque los haga con temor, los enfrento y el temor huye. El temor se esconde como un cobarde, ya que es un mentiroso, al igual que Satanás, que es el padre de las mentiras (Juan 8:44). Así que tú decides si sigues creyéndole a él o crees en Dios y caminas en su verdad

FALTA DE INTERÉS

Falta de interés o negligencia: la falta de interés hacia algo nos lleva a la ruina. Hay personas que pasan su vida esperando el momento perfecto para actuar, y por eso nunca hacen nada (Proverbios 10:28). Una mano negligente empobrece, pero la mano de los diligentes enriquece. ¿En qué grupo te encuentras tú? (Proverbios 10:5). El que trabaja durante el verano es sabio, pero el que duerme durante la cosecha es un hijo que avergüenza. Imagina lo que nos dice la palabra de Dios aquí: aquel que se esfuerza y lucha es abundantemente bendecido, mientras que aquel que no trabaja o no hace algo para vivir caerá en la ruina o la pobreza.

Mira Proverbios 10:22, la bendición del Señor es la que enriquece y no añade tristeza. Y esa bendición es para todos los hijos de Dios, para aquellos que caminan en sus caminos. Esta bendición nos enriquece, nos da salud y fuerzas para trabajar, y, sobre todo, nos trae paz, alegría y satisfacción en lo que hacemos, para que siempre seamos agradecidos y tengamos un corazón de alabanza hacia Él.

Si has sentido falta de interés en hacer algo o esforzarte por algo, piensa en qué ha causado ese deseo de no querer hacerlo. A muchas personas les ocurre esto porque no les gusta someterse a algo, no les gustan los retos ni la disciplina. Pero para lograr algo, se necesita mucha disciplina y ser una persona disciplinada lleva tiempo. Adaptarse a esas áreas de nuestras vidas en las que no nos gusta someternos a algo o alguien requiere tiempo y esfuerzo para poder adaptarnos a esas normas.

En este momento, te invito a hacer un recorrido y reflexionar. Siéntate en un lugar tranquilo, donde puedas concentrarte sin distracciones, y toma un cuaderno y un lápiz para responder a estas preguntas:

¿Qué sueños has dejado atrás?

¿Qué querías hacer hace 20 años y ni siquiera lo intentaste?

¿Qué querías hacer hace 10 años y empezaste, pero no continuaste?

¿Cuáles fueron las razones por las que querías hacer algo pero ni siquiera lo intentaste?

¿Cuáles fueron las razones por las que emprendiste un negocio y fracasaste?

¿Cuáles han sido los motivos por los que has fracasado en varios negocios o proyectos que emprendiste? Piensa en cuáles fueron esos motivos, ¿te cansaste?, ¿pensaste que ya no podías más?, ¿sentiste que no podías hacerlo solo/a?

¿O acaso no tuviste paciencia para esperar?

No te quedes viendo las victorias de otros. Avanza, alégrate, no importa por lo que estés pasando. No importa si una puerta se te cierra. A menudo, las puertas que se cierran lo hacen porque

Dios así lo permite. Puedes preguntarte por qué Dios permitiría que te suceda esto o aquello. La verdad es que Dios siempre busca lo mejor para ti. A veces, simplemente no estás preparado para recibir lo que está por venir, y por eso permite que la puerta se cierre, para ayudarte a madurar y estar preparado cuando llegue el momento de que se abra. El propósito de Dios es prepararte y hacer crecer tu fe, para que puedas brillar con los dones y talentos que te ha dado. Este es tu momento de levantarte, nunca es tarde, este es tu momento de brillar en lo que Dios te ha llamado a ser. Este es tu mejor momento para luchar, hacer lo que Dios te ha encomendado y florecer en lo que eres en Cristo. Levántate, resplandece, porque ha llegado tu luz, y la gloria de Jehová ha amanecido sobre ti (Isaías 60).

A menudo, el fracaso hace que perdamos fuerzas para continuar. Sin embargo, lo cierto es que los logros solo se consiguen con perseverancia. Por tanto, debemos tener claro en todo momento que para alcanzar nuestros objetivos debemos esforzarnos. Mira la historia de Albert Einstein. Él tuvo dificultades para que reconocieran su talento. Llegaron a considerarlo discapacitado psíquico o lento de pensamiento. Al no encajar en la sociedad de esa época y en el modo de pensar de entonces, cuando era niño no comenzó a hablar hasta los 4 años, y no aprendió a leer hasta los 7 años. Todo el mundo daba por sentado que fracasaría en la vida. Sin embargo, ese niño a quien todos llamaban lento o tonto, que supuestamente le afectaría durante toda su vida y que no llegaría a nada, se convirtió en nada menos que el ganador del Premio Nobel de Física gracias a su descubrimiento del televisor, entre muchos otros inventos.

¿Te das cuenta de lo que este niño habría perdido si hubiera escuchado los comentarios de su familia cuando era niño y se hubiera rendido? Pero a él no le importaron esos comentarios, no lo detuvieron. Imagina si este muchacho se hubiera rendido, no tendríamos el televisor del que disfrutamos hoy en casa gracias a él. ¿Qué te detiene a ti para hacer lo que te gusta? ¿Qué fue lo que te desanimó? No sé cuál es tu sueño, pero, aunque parezca difícil, sé que con mucho esfuerzo, disciplina y perseverancia podrás lograrlo. No sé cuál es el llamado de Dios para tu vida, pero si estás leyendo este libro, no te rindas. Hay un propósito para tu vida y Dios me ha inspirado a escribir este libro especialmente para ti, para ayudarte a levantarte y cumplir el propósito que Él tiene para ti. Hay muchas historias donde vemos a personas que nunca se rindieron. Mira la vida de Thomas Edison. Para inventar la bombilla, tuvo que intentarlo más de mil veces, y en todos esos intentos falló. Incluso sus discípulos le preguntaron si no se rendiría después de tantos fracasos. Él les respondió que consideraba que con cada intento aprendía una razón más por la cual la bombilla no funcionaba. En otras palabras, cada fracaso le ayudaba a aprender más. Gracias a ese muchacho que, a pesar de sus mil fracasos, nunca se rindió, hoy tenemos una gran cantidad de inventos, entre ellos la bombilla. Piensa en las cosas que ya habrías logrado si no te hubieras detenido. ¿Dónde estarías ahora? Estás llena de dones y talentos que Dios te ha dado. Espero que los principios de este libro te hayan ayudado. Y oro para que cada persona que lea este libro sea grandemente bendecida. El Señor quiere romper las cadenas que tienen a las personas atadas y abrir puertas hacia la libertad. Yo estaré orando para que el Señor les dé una completa libertad, pues Él ya dio su vida por nosotros en la cruz, llevando todos nuestros pecados y dolencias (Isaías 53:4).

Conclusión

Finalmente, todo lo que has leído en este libro te servirá de mucho, será una guía para ti. Cuando pases por momentos duros te acordarás que todo obra para bien en la vida de los que aman a Dios (Romanos 8:28).

Todos esos sufrimientos por los que han pasado serán como una gasolina para sus motores para emprender nuevas metas, todos esos sufrimientos sirvieron para prepararlas y hacerlas más fuertes.

Made in the USA
Columbia, SC
21 September 2023

23174541R00046